SUFEP 上财投资理财

nvestment

DUANXIAN BISHA

GUSHI QIEXIAN CAOPAN JIFA

# 短线必杀技

## Ⅱ 股市切线操盘技法

宏凡◎著

上海财经大学出版社

**图书在版编目(CIP)数据**

短线必杀技Ⅱ:股市切线操盘技法/宏凡著．—上海:上海财经大学出版社,2012.4

ISBN 978-7-5642-1303-9/F·1303

Ⅰ.①短…　Ⅱ.①宏…　Ⅲ.①股票交易-基本知识　Ⅳ.①F830.91

中国版本图书馆 CIP 数据核字(2012)第 020411 号

□ 图书策划　朱世祥

□ 责任编辑　朱世祥

□ 封面设计　马筱琨

□ 责任校对　王从远

DUANXIAN BISHAJI

**短线必杀技Ⅱ**

——股市切线操盘技法

宏　凡　著

上海财经大学出版社出版发行

(上海市武东路 321 号乙　邮编 200434)

网　　址:http://www.sufep.com

电子邮箱:webmaster@sufep.com

全国新华书店经销

上海叶大印务发展有限公司印刷装订

2012 年 4 月第 1 版　2012 年 4 月第 1 次印刷

787mm×960mm　1/16　9.5 印张(插页:1)　158 千字

印数:0 001—5 000　　定价:29.00 元

# 前　言

股市中有各种各样的分析方法，方法有简单的，也有复杂的，而简单的方法往往更有效。因为简单的方法容易学习和掌握，可以节省投资者的时间和精力，将注意力更多地投入到市场中。

切线方法就是一种简单而有效的分析方法，一直是股市、期货、外汇、黄金等各类投资市场中长盛不衰的分析方法，深受广大投资者的欢迎。

目前各种股票分析软件中都有画线功能，通过在走势图上画线来了解行情发展趋势和个股买卖时机，这种方法被称为"切线分析"。

相比其他分析方法，切线更加注重行情的时间与空间因素，主要用于对操作时机的把握。我们都知道选时的重要性，一只好的股票，如果买进的时机不对，则有可能导致投资亏损；而另一只质地不是很好的股票，如果买对了时机，则有可能获得丰厚的利润。从一定意义上讲，股票的好坏是相对的概念，而选择正确的介入时机是盈利的捷径，而切线分析恰恰解决了选时和判势的问题。

当然，切线并非仅仅是画线那么简单，切线涉及趋势理论、周期理论、波浪理论、黄金分割理论、江恩理论、形态理论，等等。正确地画线是建立在扎实的理论基础和先进的投资理念上的。

切线主要包括趋势线、黄金分割线、百分比线、速度线、甘氏线和扇形线等，这些技术分析方法不仅可以用于股价趋势的分析与应用，也可以应用于分时K线上，从而提高短线投资的效益。

本书从股市中出现的种种实际情况出发，针对切线分析的短线实战应用进行全面详解，旨在分析股价趋势的强弱、买卖双方力量平衡的变化，帮助投资者掌握切线技术在短线操作中的应用技巧，提高投资者的短线操作水平。

宏　凡
2012年3月

# 目 录

# 第一章　切线分析的投资理论

## 第一节　切线的基础概念

### 一、切线的定义

切线理论所揭示的股价未来趋势往往是相当有效的。所谓切线，一般是指股价较为明显的高点与高点、低点与低点之间的连线，这根连线一般构成股价上涨的压力线或股价下跌的支撑线；一组上升或下降的平行线将股价包括在其中，则构成股价的上升或下降通道线；另外，百分线、黄金分割线、江恩角度线和速度线等也属于切线。

### 二、切线的种类

切线的种类有很多，包括黄金分割线、百分比线、趋势线、支撑线和阻力线、修正趋势线、轨道线、速度线、扇形线、甘氏线（江恩角度线）、江恩箱、线性回归、线性回归带、回归通道、标准差通道、等周期线、自由周期、费波纳契周期线、费波纳契时间周期线、对称线、时间尺、量度目标、安德鲁鱼叉线、波浪线、形态线、对称角度线、转折尺、周期尺、幅度尺、自由比例、三点曲线等。

对于短线投资者而言，不必去学习每一种切线分析方法，关键是能够娴熟运用几种最常见、最简便和最有效的切线方法，就足以在短线操作中获取丰厚收益了。

### 三、切线的作用

切线对于研判大盘和个股的运行趋势相当有效。股市投资中只有“顺势而为”才有可能立足于不败之地。实际上各种趋势分析方法，例如支撑和阻力、趋势线、通道、黄金分割率、速度线、江恩角度线等切线理论，阐述的都是如何更好地去把握市场趋势。这种趋势不仅是长期趋势和中期趋势，也包括短期趋势。只不过在分析短期趋势的时候一般需要在分时 K 线图上画线。

切线理论包含了极其重要的技术意义，它通过线条的方式说明股价运行过程中时间和空间、角度和间距、平衡和倾斜、反转和延续等技术内涵。

历史的发展进程表明，在历史发展的每个时期，只有顺应时代的潮流，改变不正确的观念，才能兴旺发达；相反，逆历史潮流而动，抱残守旧，不放弃旧的错误观念，终将难逃失败的命运。

证券市场也有顺应潮流的问题。要“顺势而为”，不要“逆势而动”，这已经成为被广泛接受的投资证券市场的准则。

投资者要准确地把握形势，了解大势的发展方向，是上升还是下降，是暂时上升不久就会下降，还是趋势已经发生了逆转而将产生一波行情，做到这一点是有难度的。大势的发展变化不是简单的上升、下降，由于各种原因，在上升和下降的过程中一定要经过许多曲折。也就是说，上升的趋势中会有下降，下降的趋势中含有上升。这就给投资者在进行判断时造成了很大的麻烦，往往容易在暂时反弹或回档，还是彻底转势这个问题上出现失误。

投资者应该从认识总的发展趋势，应用切线理论的一些方法，以帮助提高判断趋势的能力和把握个股的买卖时机。

## 第二节　画线的基础方法

### 一、选择画线的工具

在股价走势图或技术指标走势图上画线，可以帮助投资者更好地进行趋势分析，了解行情的走向，从而进行正确的操作。进行画线分析首先必须了解画线工具及其使用方法。

本书选择国泰君安锐智版股票分析软件来解说切线分析方法，读者也可以选择其他券商的软件，因为行情交易软件大多差别不大，都有相同的画线分析工具。

打开软件的行情走势图之后，点击工具菜单就可以找到画线工具，投资者也可以通过快捷键〖Alt〗+〖F12〗来选择（见图 1—1）。

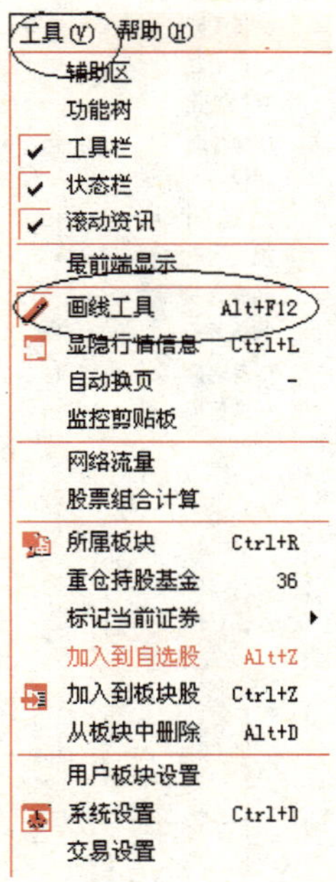


**图 1—1**

另外，在使用部分券商的行情分析软件时，选中任一股票或指数的 K 线图，点击鼠标右键，即可选择画线工具（见图 1—2）。

画线功能是通过图形分析中的画线工具栏来实现的，画线工具栏包括光标、线段、直线、箭头、射线、价格通道线、平行线、圆弧线、黄金价位线、黄金目标线、黄金分割线、百分比线、波段线、线性回归带、延长线性回归带、线性回归线、周期线、费波纳契线、江恩时间序列、阻速线、江恩角度线、矩形线等，以及涨跌标记、文字标注、删除画线、隐藏画线和画线信息浏览等功能（见图 1—3）。

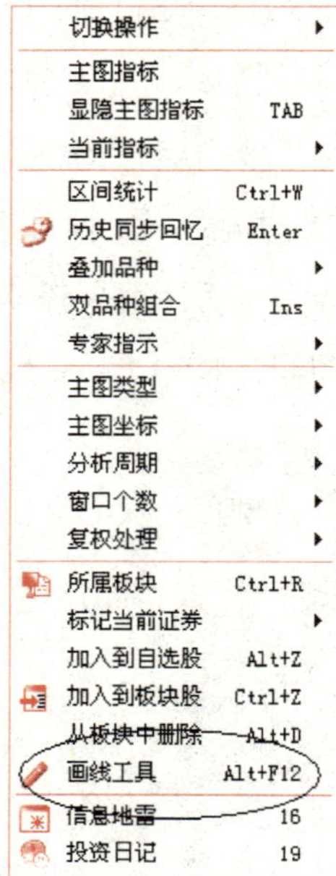


图 1—2

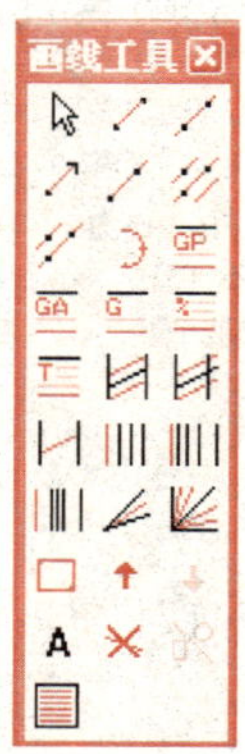


图 1—3

## 二、画线的基本方法

点击鼠标选择一种工具进行画线，画线一般采用鼠标拖动方式进行。

先在画线工具栏中选择画线类型，按下画线工具栏中的相应按钮后，鼠标变成一支小笔的形状。

移动鼠标到绘图区，在画线起点按下鼠标左键不放并拖动鼠标到终点位置，此时系统就会跟踪移动的鼠标，自动提供一个反馈图形，有些画线还提供角度的提示（如画直线、阻速线、江恩线等）。当投资者觉得满意时，放开鼠标左键就可以在屏幕上画出该种线型。由于在绘制过程中有一个反馈过程，所以投资者可以轻易直观地画出满意的线条（见图 1—4）。

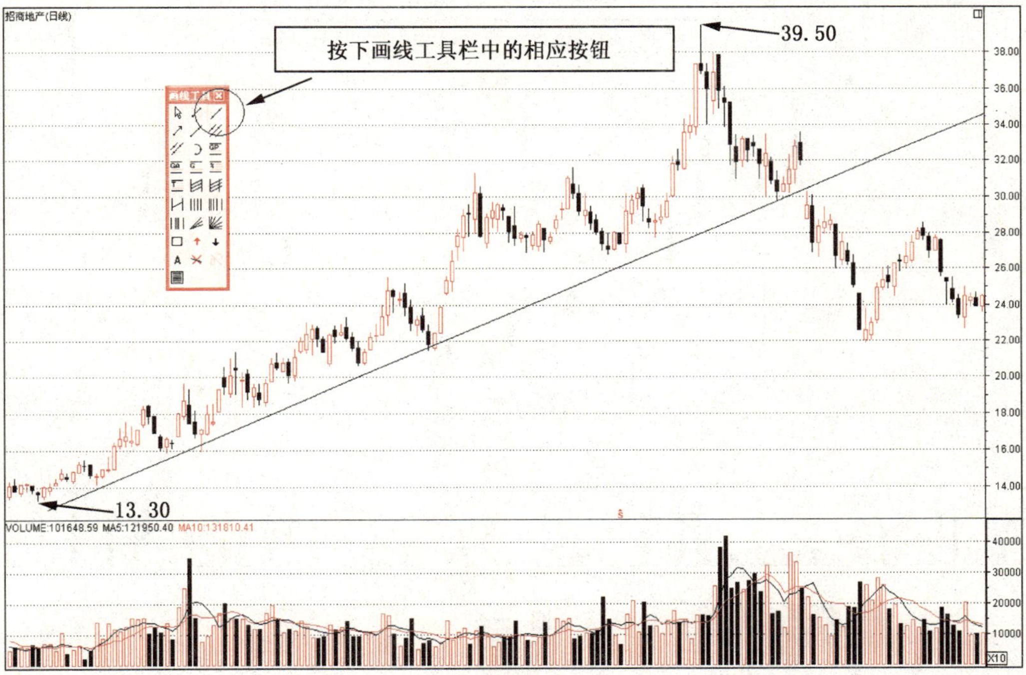


图 1—4

画好的线如果不删除，则关闭该股票的 K 线图后会自动保存下来，下次再打开该股票的 K 线图时，原来画的线会显示在同样位置。如果想隐藏画线，则可以点击画线工具栏上的隐藏全部自画线的按钮，就可以隐藏画线了。

下面以画射线为例来说明画线的基本方法：

射线和直线都可以用来标记支撑位和压力位，只不过直线是向图的两端延伸，而射线只是向线图的一个方向延伸。画射线需要有两个点。画射线首先在画线工具栏上点击画射线的按钮 ⁄ ,系统进入画射线模式。

先选择一个高点或低点,按下鼠标左键,然后拖动鼠标到另一个高点或低点,释放鼠标按钮,这样就画出了射线(见图 1—5)。

选 A 为起点,按下鼠标左键,拖动到 B 点,释放鼠标,完成画线。

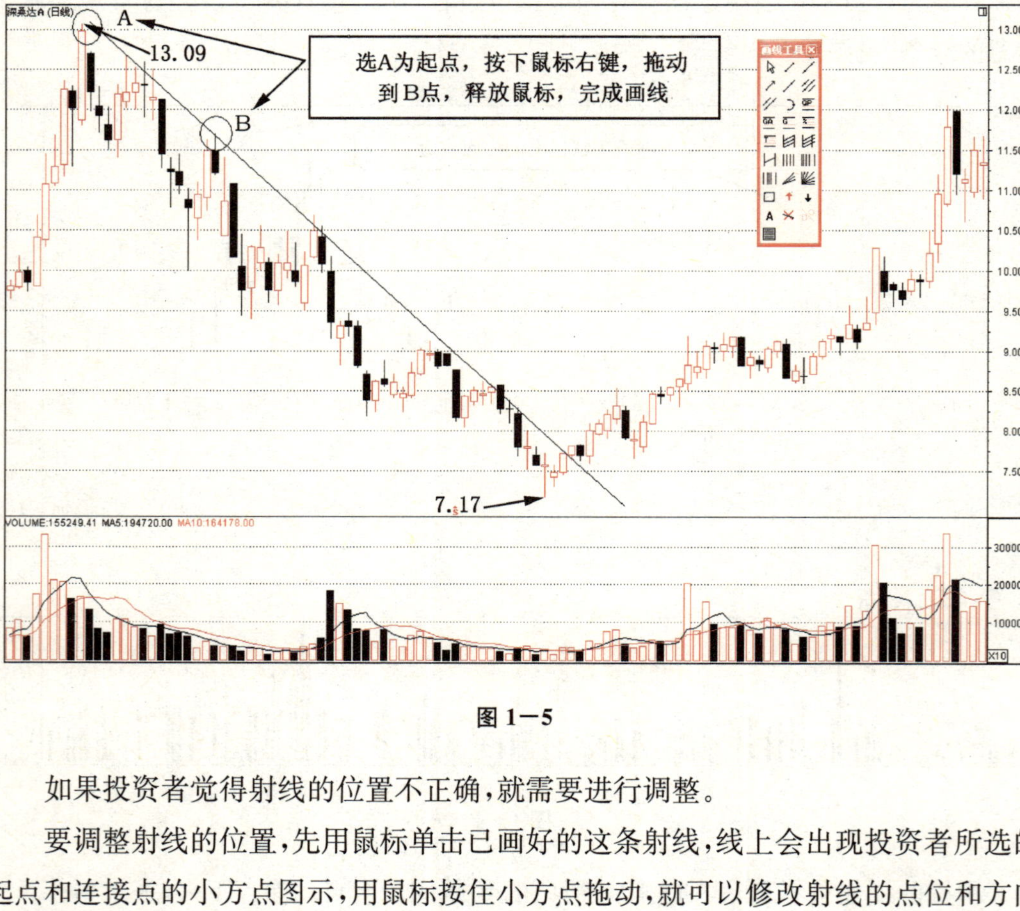


图 1—5

如果投资者觉得射线的位置不正确,就需要进行调整。

要调整射线的位置,先用鼠标单击已画好的这条射线,线上会出现投资者所选的起点和连接点的小方点图示,用鼠标按住小方点拖动,就可以修改射线的点位和方向(见图 1—6)。

在画好的射线上点击右键,选择弹出的小对话框里的“编辑画线”功能,选择画线的粗细、线型、色彩及精确定位(见图 1—7)。

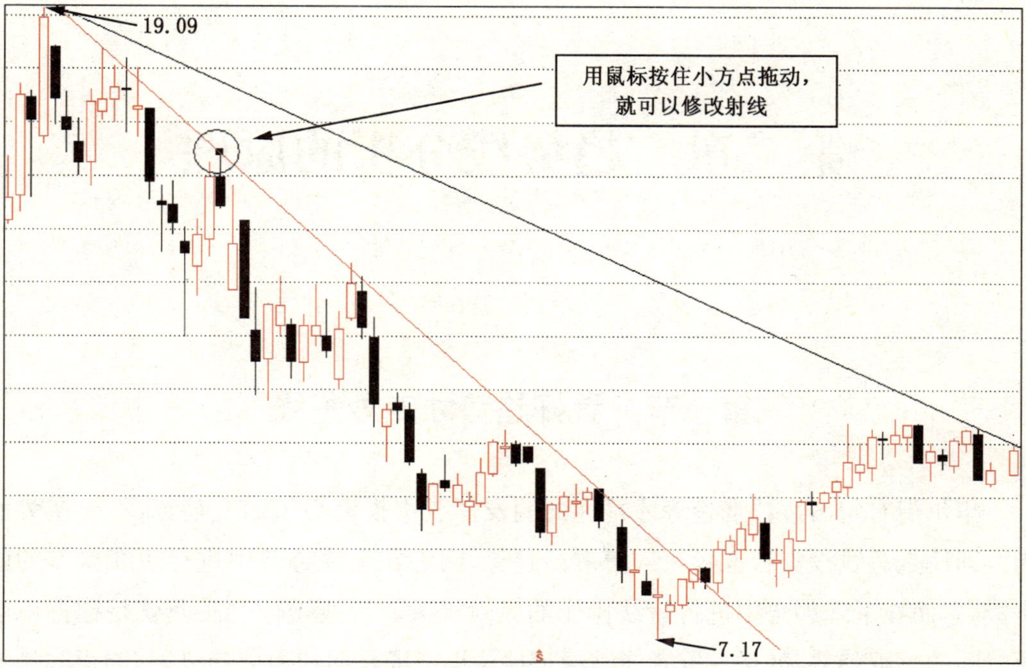
19.09
用鼠标按住小方点拖动，
就可以修改射线
7.17

图 1—6

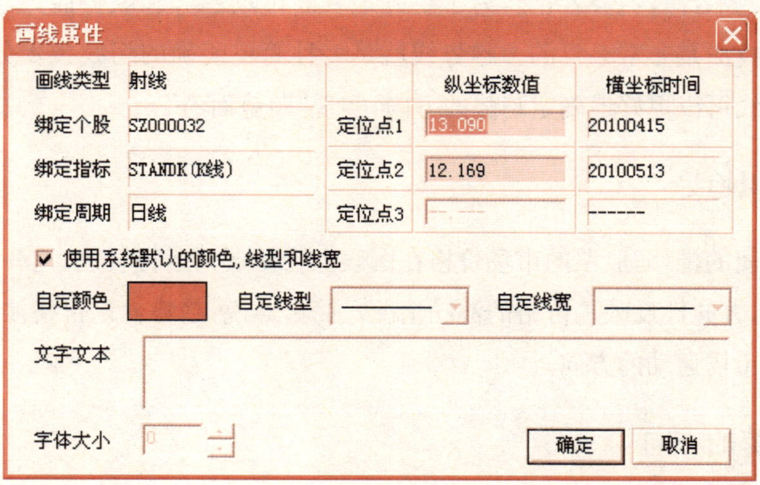
画线属性
画线类型　射线
绑定个股　SZ000032
绑定指标　STANDK(K线)
绑定周期　日线
纵坐标数值
横坐标时间
定位点1　13.090　20100415
定位点2　12.169　20100513
定位点3　------
使用系统默认的颜色，线型和线宽
自定颜色
自定线型
自定线宽
文字文本
字体大小
确定
取消

图 1—7

# 第二章　趋势线分析的原理

## 第一节　看好趋势才能炒短线

华尔街有句名言:"唯趋势才是你的朋友。"股市投资必须顺应趋势,不要逆势而为。即使是短线投资者也必须认清市场趋势,因为在上涨趋势中进行短线操作的胜率极高,而在下降趋势中进行短线操作的风险极大。短线操作的实质就是把握市场短时间的上涨趋势,如果投资者能够清楚地认识市场长期和中期趋势,就能很容易地把握趋势的拐点和短期上升趋势的结束时间,从而有利于提高短线操作的收益。

所谓"顺势者昌,逆势者亡",为了更好地判断市场趋势和顺势而为,学习和掌握趋势线分析技法是非常必要的。趋势线就是一种简单明确的切线技术分析方法,学会使用趋势线可以更好地确定趋势的方向,实现"顺势而为"。

### 一、认识趋势

随着时间的推移,股票的市场价格在图表上会留下其运行轨迹,这一轨迹呈现一定的方向性,方向性反映了价格的波动情况。简单地说,趋势就是价格波动的方向或者说是证券市场运动的方向。

### 二、趋势的方向

趋势的方向有三种:上升方向、水平方向和下降方向。

若确定了是一段上升(或下降)的趋势,则价格的波动必然朝着这个方向运动。在上升的行情中,虽然也时有下降,但不影响上升的大方向,不断出现的新高会使偶尔出现的小幅度下降黯然失色。下降行情中则情况相反，不断出现的新低会使投资者心情悲观失望、人心涣散。

技术分析三大假设的第二条明确说明价格的变化是有趋势的，没有特别的情况，价格将沿着这个趋势继续运动。这一点就说明趋势这个概念在技术分析中占有很重要的地位，是投资者应该注意的核心问题。

一般来说，市场变动不是朝一个方向直来直去，中间肯定要出现曲折，从图形上看就是一条曲折蜿蜒的折线，每个折点处就形成一个峰或谷，由这些峰和谷的相对高点或低点的连线，即可以看出趋势的方向（见图 2—1）。

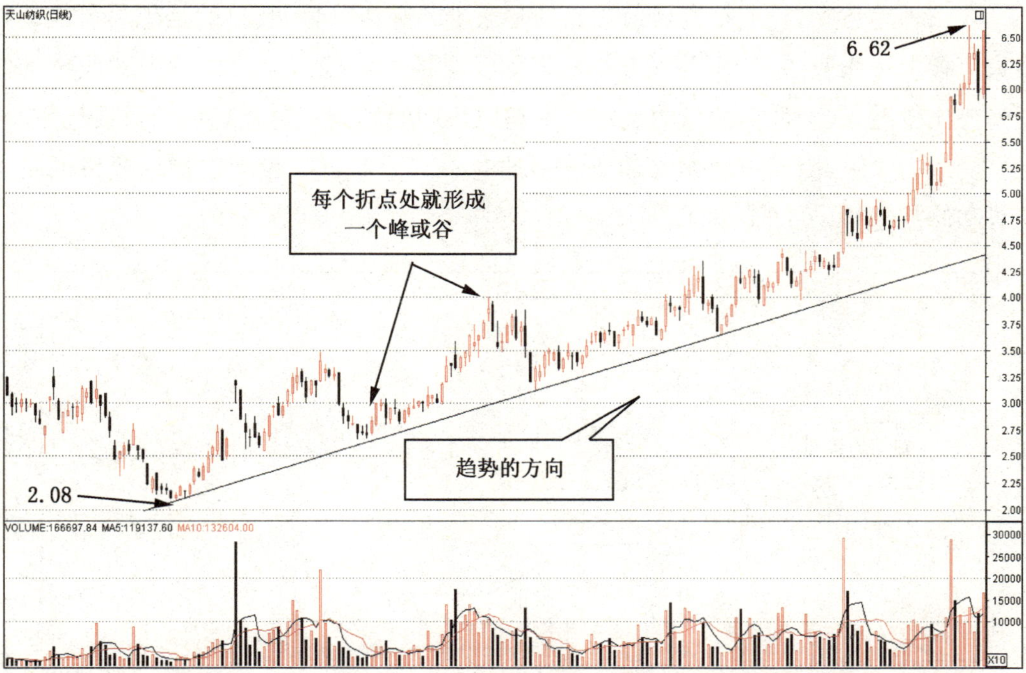


图 2—1

## 三、趋势的种类

按照道氏理论的理解，趋势分为三种类型：

1. 基本趋势

股票的基本趋势，即股价广泛或者全面性上升或下降的变动情形。这种变动持续的时间通常为 1 年或 1 年以上，股价总升（降）的幅度超过 20%。对投资者来说，基本趋势持续上升就形成了多头市场，持续下降就形成了空头市场。

2. 次级趋势

股价运动的第二种趋势称为股价的次级趋势。因为次级趋势经常与基本趋势的运动方向相反，并对其产生一定的牵制作用，因而也被称为股价的修正趋势。这种趋势持续的时间从 3 周至数月不等，其股价上升或下降的幅度一般为股价基本趋势的 1/3 或 2/3。

3. 短期趋势

股价运动的第三种趋势称为短期趋势，它反映了股价在几天之内的变动情况。修正趋势通常由 3 个或 3 个以上的短期趋势所组成。

在三种趋势中，长期投资者最关心的是股价的基本趋势，其目的是想尽可能地在多头市场上买入股票，而在空头市场形成前及时地卖出股票。投机者则对股价的修正趋势比较感兴趣，他们的目的是想从中获取短期的利润。短期趋势的重要性较小，且易受人为操纵，因而不便作为趋势分析的对象。投资者一般无法操纵股价的基本趋势和修正趋势(见图 2—2)。

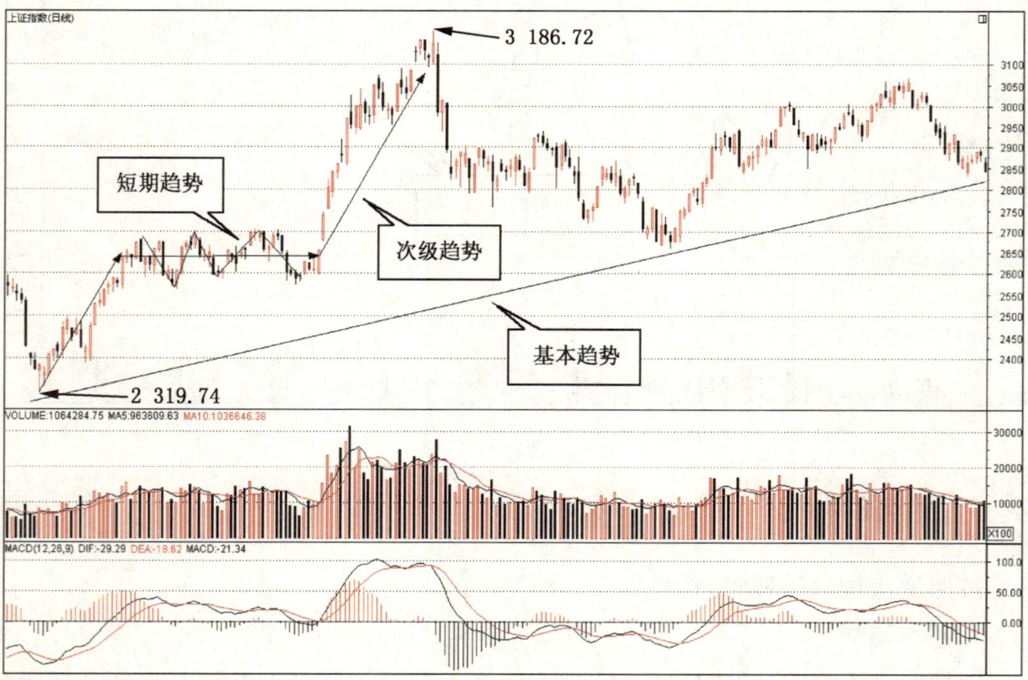


图 2—2

## 第二节 基本趋势与次级趋势

### 一、根据基本趋势选择短线操作

从大的角度来看上涨和下跌的变动，只要每一次上涨行情的高点超过前一次上涨行情的高点，而每一次下跌行情的低点都较前一次下跌行情的低点高，那么，主要趋势是上升的，这称为多头市场。相反，当每一次中级下跌行情将价位带至更低位置，而接着出现的反弹行情不能将股价推升至上一次行情的高点，则主要趋势是下跌的，这称为空头市场。

通常主要趋势是短线投资者的操作依据，其做法是在多头市场中尽量多参与短线操作，只要可以确定多头市场已经开始发动了，在保留部分仓位的基础上，持续快速实施短线买卖操作，可以实现利润最大化。一直到确定空头市场已经形成了，短线投资者才清空仓位，减少短线操作的次数，并等待市场反弹的机会。

1.多头市场

多头市场也称为主要上升趋势，它可以分为三个阶段：

(1)萌芽期。在这个阶段，一些有远见的投资者觉察到虽然目前是处于不景气的阶段，但却即将会有所转变。因此，买进那些低价位的股票，然后，在卖出数量减少时逐渐地提高买进的价格。事实上，此时市场氛围通常是悲观的，大多数投资者不关心股票甚至完全离开了股票市场。此时，交易量是适度的，但是在弹升时短期波动便开始增大了。此时，短线操作的安全性最高，但有时成交量不大，对短线买卖时机的把握要求较高。

(2)上升期。第二个阶段是十分稳定的上升和增多的交易量，此时，企业景气的趋势上升和公司盈余的增加吸引了大众的注意。在这个阶段，使用技术性分析的短线交易通常能够获得最大的利润。

(3)火热期。第三个阶段出现时，整个交易沸腾了。人们聚集在证券营业部，交易的结果经常出现在报纸的头版，市场资金迅速增加，在这个阶段，投资者的投资热情常常高涨，而忘记了股价已经上升了很长一段时间。

在这个阶段的最后部分，随着投机气氛的高涨，成交量持续地上升。冷门股交易逐渐频繁，没有投资价值的低价股的股价急速地上升，出现补涨走势。但是，却有越来越多的优良股票被投资者拒绝跟进。此时，建立起完善的风险控制机制并且能够果断止损的短线投资者仍然可以继续参与炒作。

2.空头市场

空头市场也称为主要下跌趋势，也可分为三个阶段：

(1)冷却期。它真正的形成是在前一个多头市场的最后一个阶段。在这个阶段，有远见的投资者觉察到企业的盈余到达了不正常的高点，而开始加快出货的步伐，此时，成交量仍然很高。虽然在弹升时有逐渐减少的倾向，投资者仍热衷于交易，但是，开始感觉到预期的获利已逐渐地消逝。此时，短线投资者要减少资金投入比例，减少持股的种类，一旦市场有变，要果断卖出或止损，将损失降低到最低限度。

(2)恐慌期。想要买进的投资者开始退缩，而想要卖出的投资者则急于要脱手，价格下跌的趋势突然加速到几乎是垂直的程度，此时，成交量的比例差距达到最大。在恐慌时期结束以后，通常会有一些次级反弹行情，感觉敏锐的短线投资者可以适当参与。

(3)萧条期。萧条期是由那些缺乏信心的投资者的卖出所构成的。在第三阶段进行时，下跌趋势并没有加速。没有投资价值的低价股在下跌初期就已经出现大幅下跌行情，而业绩较为优良的股票此时也下跌，因为这种股票的持有者是最后失去信心的。在此过程中，空头市场最后阶段的下跌是集中于这些业绩优良的股票。空头市场在坏消息频传的情况下结束。最坏的情况已经被预期了，在股价上已经实现了。通常，在坏消息完全出尽之前，空头市场已经过去了，这时是短线投资者重新进入的大好时机(见图 2—3)。

## 二、次级趋势与短期趋势

股票市场波动的三种趋势与海浪的波动极其相似。在股票市场，主要趋势就像海潮的每一次涨(落)的整个过程。其中，多头市场好比涨潮，一个接一个的海浪不断地涌来拍打海岸，直到最后到达标示的最高点，然后逐渐退去。逐渐退去的落潮可以

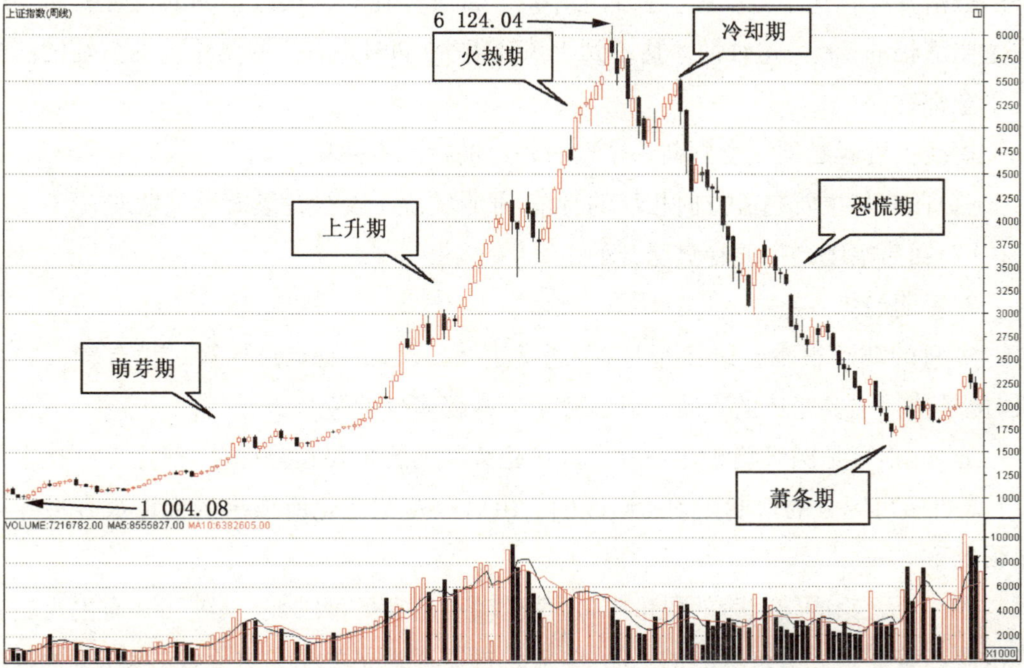


**图 2—3**

与空头市场相比较。在涨潮期间，每个接下来的波浪其水位都比前一波涨升得多而退得却比前一波要少，进而使水位逐渐升高。在退潮期间，每个接下来的波浪比先前的更低，后一波则不能恢复前一波所达到的高度。

涨潮（退潮）期的这些波浪就好比是次级趋势。同样，海水的表面被微波涟漪所覆盖，这与市场的短期变动相比较，它们是不重要的日常变动。潮汐、波浪和涟漪代表着市场的主要趋势、次级趋势和短期变动。

1. 次级趋势

次级趋势是与主要趋势运动方向相反的一种逆动行情，干扰了主要趋势。

在多头市场，次级趋势是中级的下跌或调整行情；在空头市场，它是中级的上升或反弹行情。

通常，在多头市场，次级趋势会跌落主要趋势涨升部分的 1/3～2/3。然而，需要注意的是：1/3～2/3 的原则并非是一成不变的。它只是简单说明了，大部分的次级趋势的涨落幅度在这个范围里。它们之中的大部分停在非常接近中间的位置。回落原先主要涨幅的50%:这种回落达不到1/3者很少,同时也有一些是将前期行情的涨幅几乎全都跌去。

短线投资者必须注意判断一个次级趋势的标准有两项:

(1)任何与主要趋势方向相反的行情,通常情况下至少持续3个星期左右。

(2)回落幅度是主要趋势涨升的1/3。

2.短期趋势

短暂的波动很少超过3个星期,通常少于6天,它们本身尽管是没有较大的意义,但是使得主要趋势的发展全过程赋予了神秘多变的色彩。

通常,不管是次级趋势还是两个次级趋势所夹的主要趋势部分,都是由一连串的3个或更多可区分的短期变动所组成的。由这些短期变化所得出的推论很容易导致错误的方向。

在一个无论成熟与否的股市中,短期变动都是唯一可以被“操纵”的,而主要趋势和次要趋势却是无法被操纵的。因此,短线投资者必须关注主力资金的动向,了解个股的主力运作习惯和方式。

对于短期趋势的分析不能仅仅关注日K线,更要关注分时K线,如15分钟K线和30分钟K线等。

例如:中信海直(000099)在2011年5月中下旬有一段上涨行情,但是在5月23日(周一)上午,该股开盘后出现下跌走势,通过在15分钟K线图上进行切线分析可以发现,该股当天的第一根15分钟K线已经跌破了上升趋势线,此时投资者应果断短线卖出。截至当天下午收盘,该股已经下跌到10.81元。那些通过日K线分析和操作的投资者无疑已经错失了短线最佳卖出的时机,而通过在15分钟K线图上进行切线分析的投资者则可以及时发现短期趋势的变化,从而及早采取应变措施,回避了短线下跌的风险(见图2—4)。

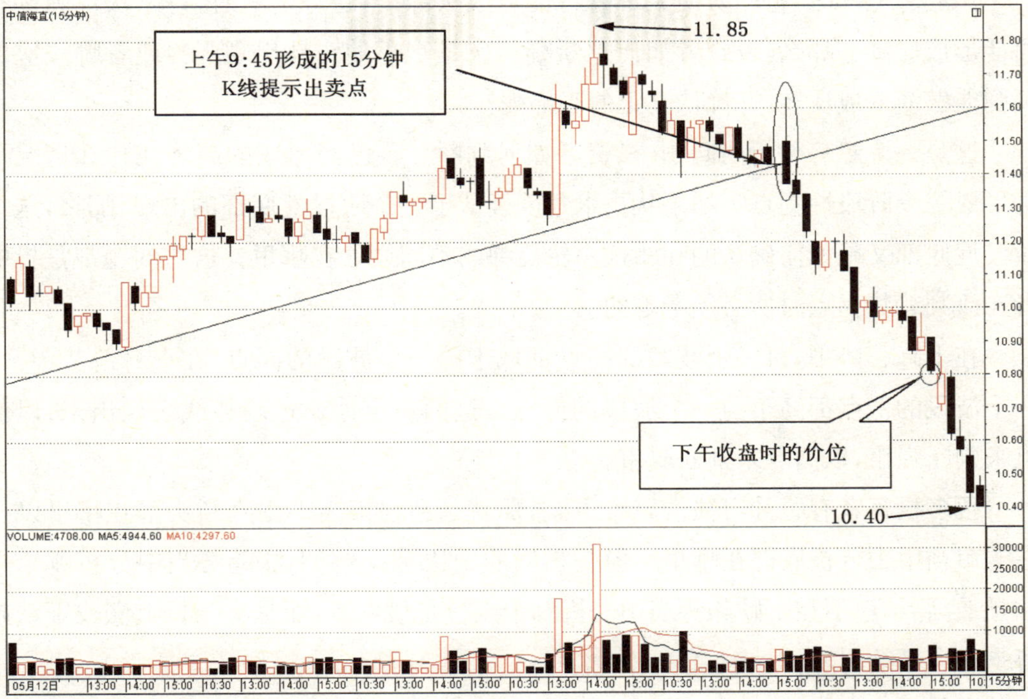


图 2—4

## 第三节　短线操作的拐点分析

任何事物都是不断发展变化的，趋势也不例外。有时当投资者介入一个自认为是趋势明朗的市场环境中时，市场趋势却会出乎投资者的意料发生转变，使得投资者措手不及。因此，判断趋势的转变必须要有一些行之有效的法则，这样才能避免陷入被动。

无论是开盘价、最高价、最低价，甚至是收盘价格，都仅仅是漫长的价格运动中的一个环节而不是一个终点，某个价格可能是一个趋势的终点，但不会是所有趋势的终点，只要市场存在，价格就永远包含在趋势中而不断变化。

投资者注意把握这些适宜介入的趋势阶段，找出市场可能的反转点，可以轻松地达到短线获利之目的。

当趋势上涨时，每一次回调都有可能形成头部；当趋势下跌时，每一次反弹都有可能形成底部。那么，投资者如何判断哪一次是真正的头部出现呢？或者哪一次的反弹能够演变成反转，并确认真正的底部呢？

这是一个趋势分析的问题，投资者如何判断一种已经形成的趋势在什么情况下会形成一个阶段性拐点？如果从技术角度确认了一个阶段性底部的出现，那么，这个阶段性底部又是如何确认的呢？这一轮反弹的不同之处在哪里？这些问题都是投资者在研判趋势拐点时所必须考虑的。

在下降趋势中，每一个波段的高点都低于前一个波段的高点；在上升趋势中，每一个波段的低点都高于前一个波段的低点。这两条定律通过趋势线表现出来：以低点来判断强市，以高点来判断弱市。

很多投资者有一种习惯的思维方式，那就是在强市当中去判断头部在哪里以及在弱市当中去分析底部在哪里。但是正确的做法是：不在上涨趋势当中分析哪个点位是最高点，也不在下跌趋势当中分析哪个点位是最低点，而是应分析上涨或下跌趋势是否会延续。

当趋势线在向上发展时，表示大部分投资者认同价格的运动方向，愿意以比目前更高的价格买入股票，这种倾向性被不断延续，直到投资者认为价格过高，不愿意继续追捧为止。因此，如果股价没有跌穿上升趋势线，说明市场跟风意愿较强，短线机会仍然较多。

反之，对于一段比较明显的下降趋势线走势，要判断行情是否脱离弱市，要看股价是否能够突破下降趋势线的压制，如果股价不能有效突破下降趋势线，那么下降趋势线就是短线操作的卖出时机。

例如：沈阳机床(000410))在2011年的3～6月间，股价曾经多次试图突破下降趋势线，但是都失败了。那么，这条下降趋势线也就成了沈阳机床的短线卖点(见图2—5)。

当股价运行在上涨趋势线之上时，最重要的不是分析压力位置在哪里，而是要看支撑位置是否能够得到很好的保持；而当股价运行于下降趋势线之下时，最重要的不是分析支撑位置在哪里，而是要看压力位置是否一直有效。这对于短线投资者来说是十分重要的原则。

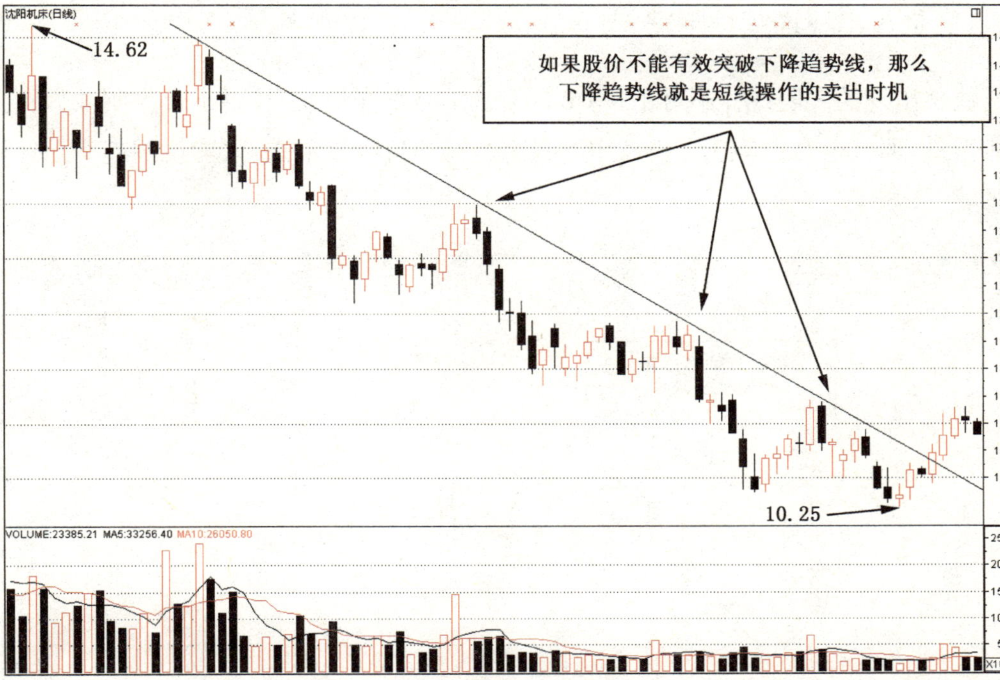


图 2—5

## 第四节　判断短线卖出的要点

投资者都知道股价上升趋势的改变是做出卖出决策的关键依据。只有判断出股价的上升趋势即将或者已经改变时才是卖出的时机，而股价在连续上涨之后仍然有可能继续上涨。通过以下几个要点的研判，投资者能够以比较理性的方法来研判股价的上升趋势是否已经出现转换。

### 一、成交量是否持续回落

股价上涨的重要基础是成交量，尤其当市场开始讨论是否有泡沫时更是需要较大的成交量才能托住股价甚至推动其上涨，因此，在大阴线之后的回升过程中成交量能否保持原来的数量水平便成为趋势能否延续的关键。

## 二、是否出现连续性下跌

偶尔出现的大阴线并不可怕，牛市行情常常是慢涨快跌，只要出现大阴线后行情还能恢复，那么上升趋势还在持续中。只有当行情持续性下跌，才能说明趋势已经转变(见图 2—6)。

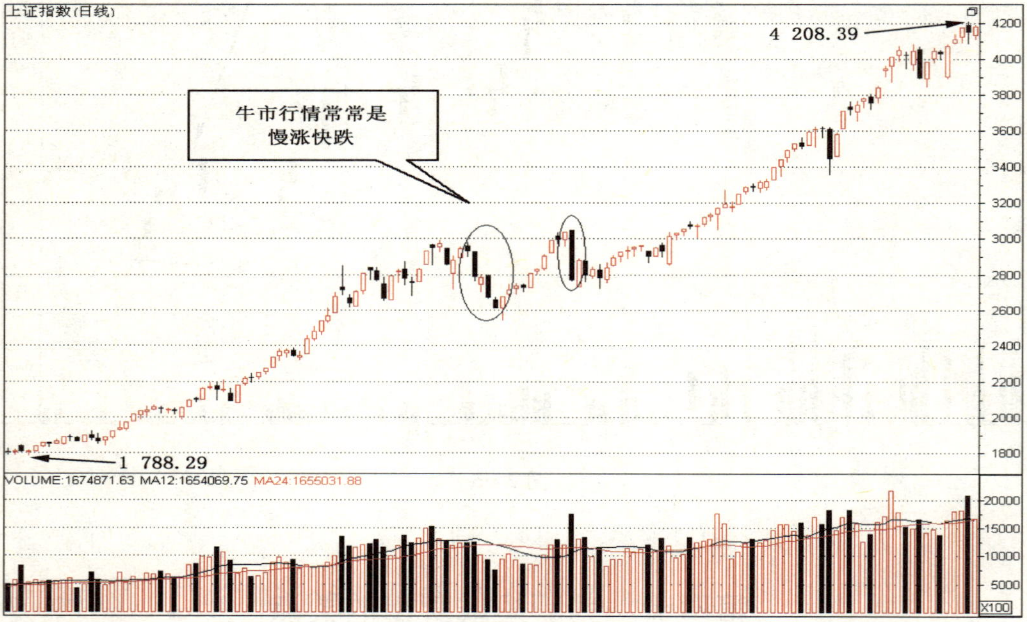


图 2—6

## 三、下跌后的回升是否乏力

即使出现大阴线也不一定就是趋势的转换，关键在于研判大阴线后的回升力度。如果在此后的回升过程中股价仍然创出新高，那么说明上升趋势仍将延续；反之，则要特别注意(见图 2—7)。

## 四、股价是否跌穿上升趋势线

如果指数的下跌没有击穿上升趋势线，则说明上升趋势仍将延续；如果指数跌穿上升趋势线，则说明上升趋势已经改变，投资者应果断卖出(见图 2—8)。

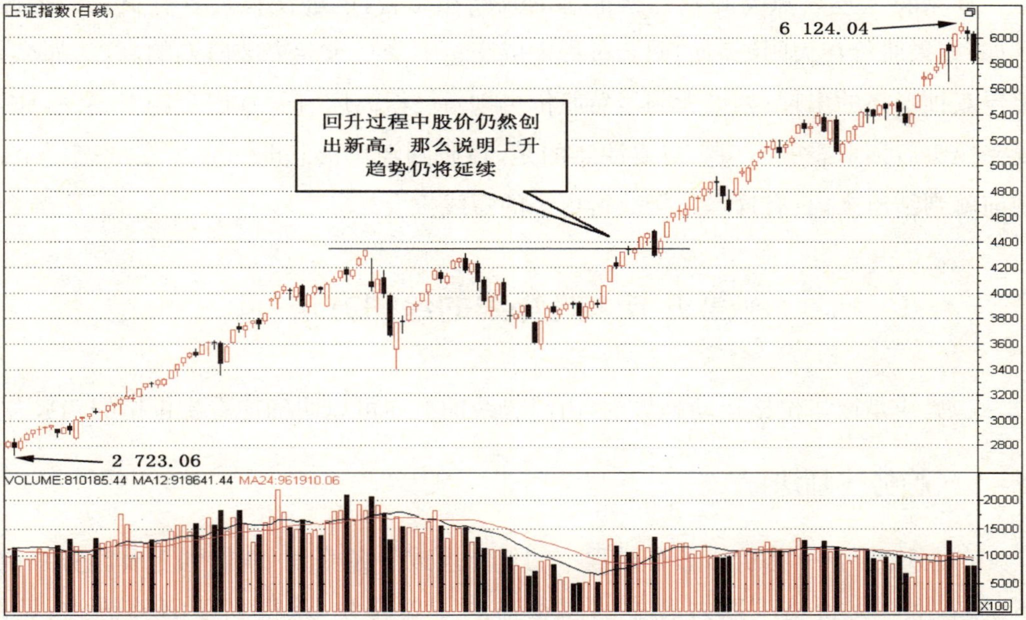
上证指数(日线)
6 124.04
回升过程中股价仍然创出新高，那么说明上升趋势仍将延续
2 723.06
VOLUME:810185.44 MA12:918641.44 MA24:961910.06
X100

图 2—7

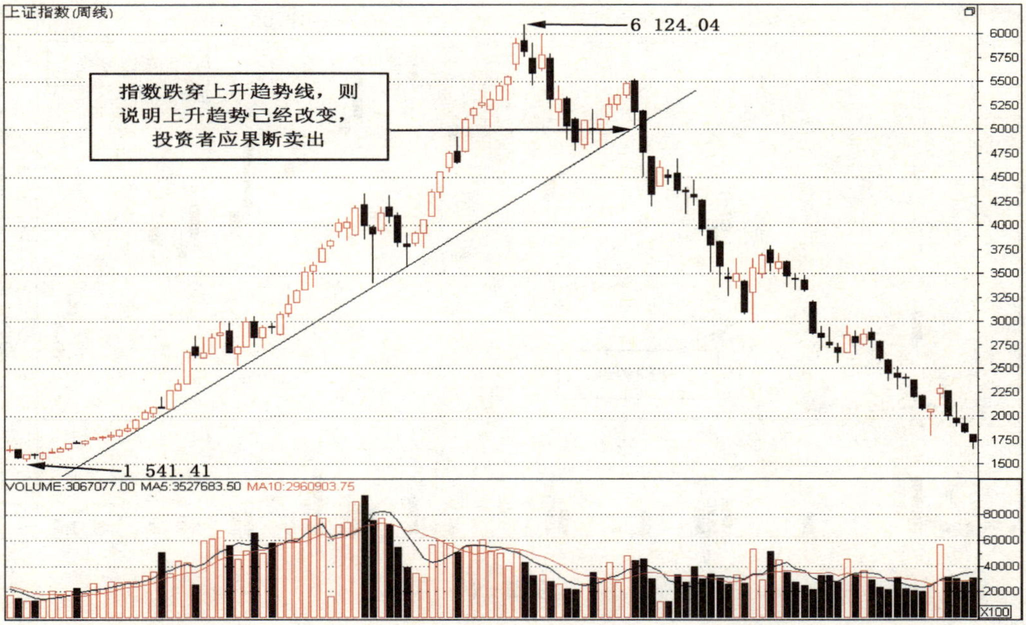
上证指数(周线)
6 124.04
指数跌穿上升趋势线，则说明上升趋势已经改变，投资者应果断卖出
1 541.41
VOLUME:3067077.00 MA5:3527683.50 MA10:2960903.75
X100

图 2—8

如果将上述要点与一些经典形态的判断相结合，能够使投资者有更大的把握。例如，如果股价在大阴线后的回升过程中成交量下降且未能突破前期的高点，那么要警惕双顶形态的出现；如果大阴线后股价再创新高但高度有限且成交相对萎缩，那么要警惕头肩顶形态的出现。需要注意的是，在研判经典形态时一定要在形态完全出现前就判断出来，只有这样才能获得更多的短线机会。

## 第五节　趋势线的绘图方法

趋势线是衡量价格运动趋势的，由趋势线的方向可以明确地看出价格的趋势。

### 一、趋势线画法

在上升趋势中，将价格上升过程中的低点连成一条直线，就得到上升趋势线；在下跌趋势中，将价格下跌过程中的高点连成一条直线，就得到下降趋势线（见图2—9）。

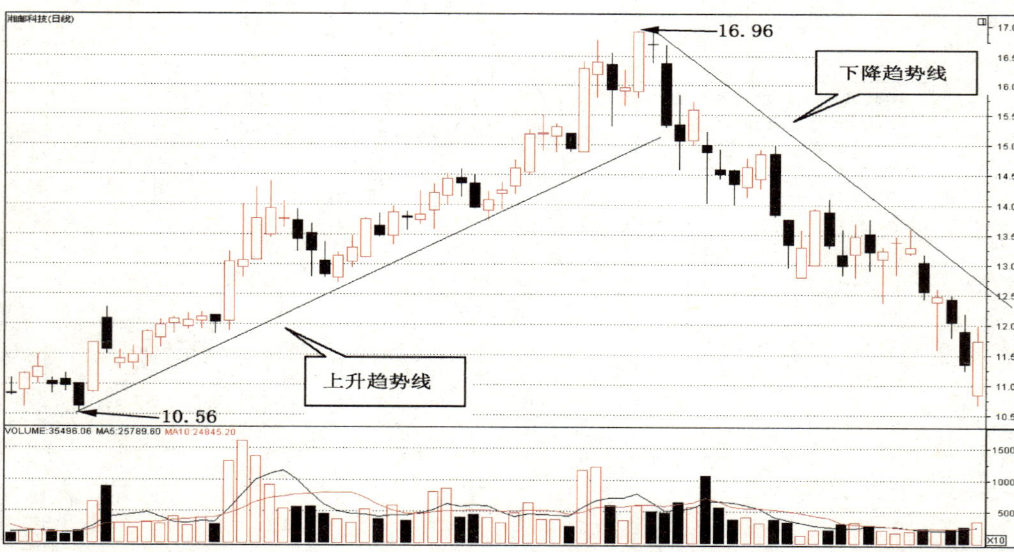


图 2—9

上升趋势线起支撑作用，下降趋势线起压力作用。也就是说，上升趋势线是支撑线，下降趋势线是压力线。

在画线过程中需要注意以下要点：

(1)趋势线根据股价波动时间的长短可分为长期趋势线、中期趋势线和短期趋势线。长期趋势线应选择长期波动点作为画线依据，中期趋势线则是中期波动点的连线，而短期趋势线建议利用 15 分钟、30 分钟或 60 分钟 K 线图的波动点进行连线，这样有利于短线操作的及时应变。

例如：湘电股份(600416)在 2011 年 3 月出现短线上涨行情，但在 3 月 22 日早盘出现破位走势，从 30 分钟 K 线图上可以看出股价有效跌穿上升趋势线，短线投资者可以果断卖出(见图 2—10)。

图 2—10

(2)画趋势线时应尽量先画出不同的实验性线，待股价变动一段时间后，保留经过验证能够反映波动趋势并且具有分析意义的趋势线。

(3)趋势线是建立在普通坐标系而不是对数坐标系上的(对数坐标系上有另外的

用法)。也就是说,随着股价的推高,当行情逐渐接近顶部时,趋势线所代表的上涨速度会越来越慢,反之亦然。

(4)画趋势线不应过于陡峭,否则容易被横向整理突破而失去分析意义(见图 2—11)。

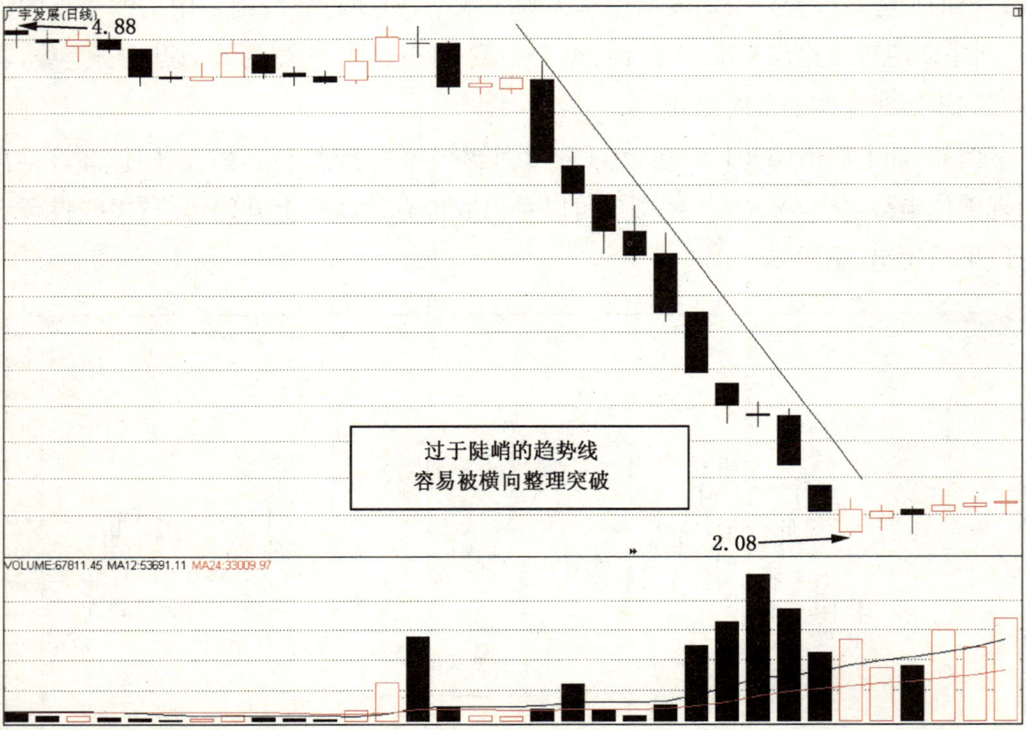


图 2—11

由于股价的长期走势是由资金决定的,所以,比较陡的趋势线,不管连了多少个点,最终将很容易被击穿,而击穿了并不意味着行情结束。击穿之后,还可以有另外一条比较平缓的趋势线来撑住它。

例如:当 a 线被击穿之后,b 线起到支撑作用;当 b 线被击穿之后,c 线发挥出支撑作用(见图 2—12)。

## 三、识别有用的趋势线

虽然投资者很容易在 K 线图上画出趋势线,但这并不意味着投资者掌握了趋势

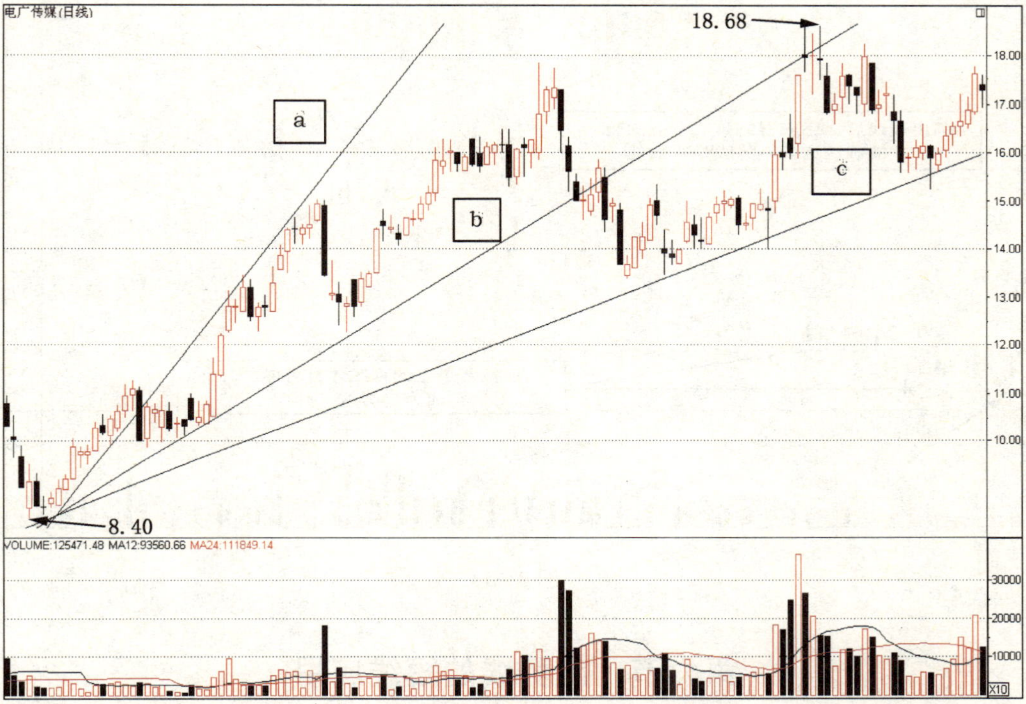


图 2—12

线的应用技巧，在画出一条直线后，还有很多问题需要解决。最迫切需要解决的问题是：画出的这条直线是否具有使用的价值，以这条线作为今后预测市场的参考是否具有很高的准确性？这实际上是对用各种方法画出的趋势线进行筛选评判，最终保留一个确实有效的趋势线的问题，也就是对趋势线进行筛选，去掉无用的而保留有用的。要得到一条真正起作用的趋势线，要经过多方面的验证才能最终确认，不合条件的应予以删除。

必须确认有趋势存在。也就是说，在上升趋势中，必须确认两个依次上升的低点；在下降趋势中，必须确认两个依次下降的高点，这样才能确认趋势的存在，连接两个点的直线才有可能成为趋势线。画出直线后，还应得到第三个点的验证才能确认这条趋势线是有效的。一般来说，所画出的直线被触及的次数越多，其作为趋势线的有效性越被得到确认，用它进行预测越准确有效(见图 2—13)。

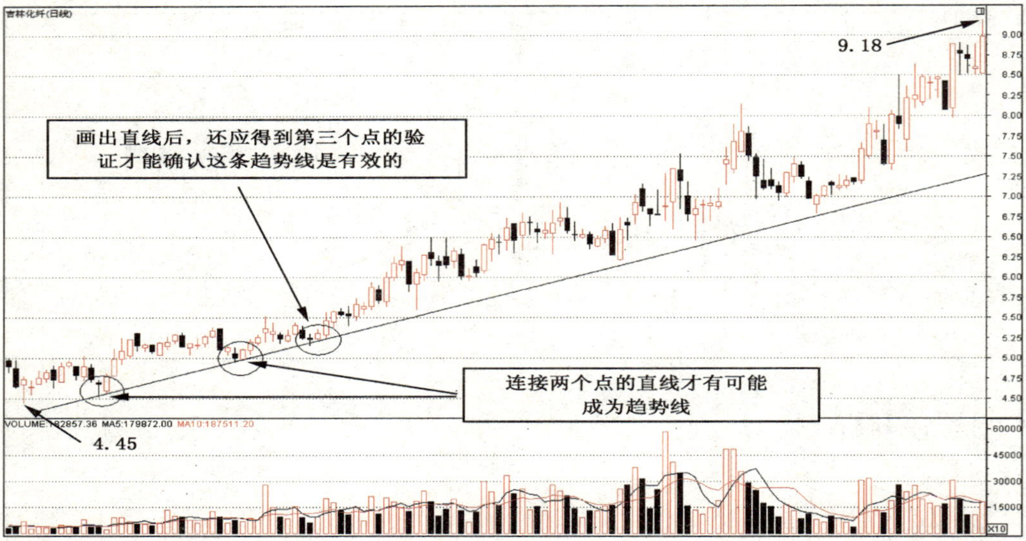


图 2—13

## 第六节　趋势线的短线应用

### 一、趋势线的种类

1. 按照趋势线的运行方向分类

(1)上升趋势线。上升趋势线是在股价持续上涨过程中,将每次的调整低点相连而形成的趋势线。

如果股票运行过程中每个后面的峰和谷都高于前面的峰和谷,则趋势就是上升方向。这就是常说的一底比一底高,或底部抬高,此时应该画出上升趋势线(见图 2—14)。

在上升趋势线形成时,每当股价跌至趋势线形成短期谷底时都是短线买进的机会。

(2)下降趋势线。下降趋势线是在股价持续下跌过程中,将每次的反弹高点相连而形成的趋势线。

如果股票运行过程中每个后面的峰顶和谷底都低于前面的峰顶和谷底,则趋势就是下降方向。这就是常说的一顶比一顶低或顶部降低,此时连接各个峰顶,可以画出下降趋势线(见图 2—15)。

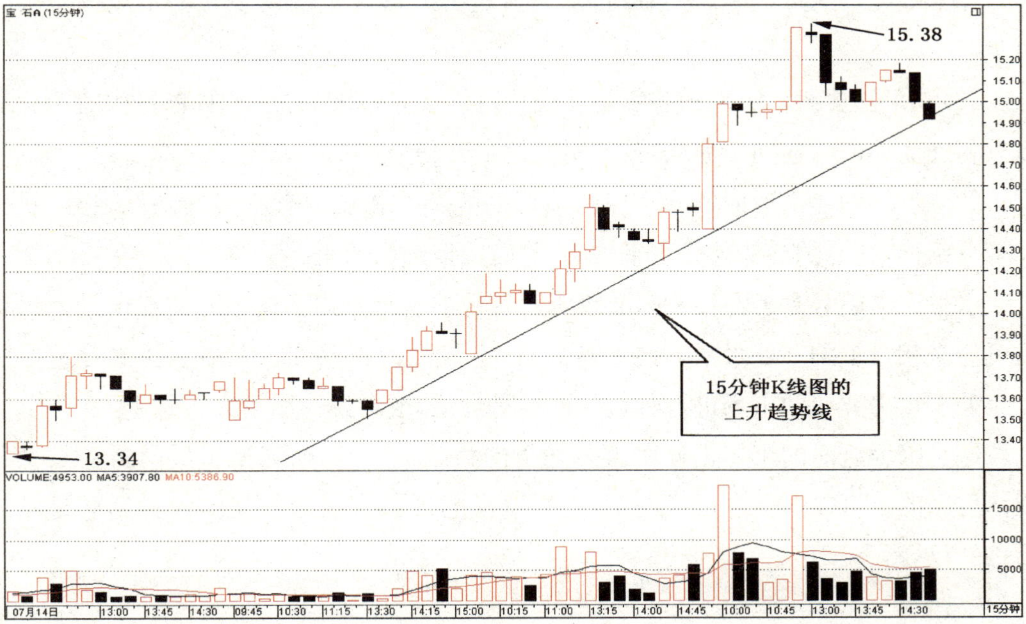
宝 石A (15分钟)
15. 38
13. 34
15分钟K线图的
上升趋势线
VOLUME:4953.00 MA5:3907.80 MA10:5386.90

图 2—14

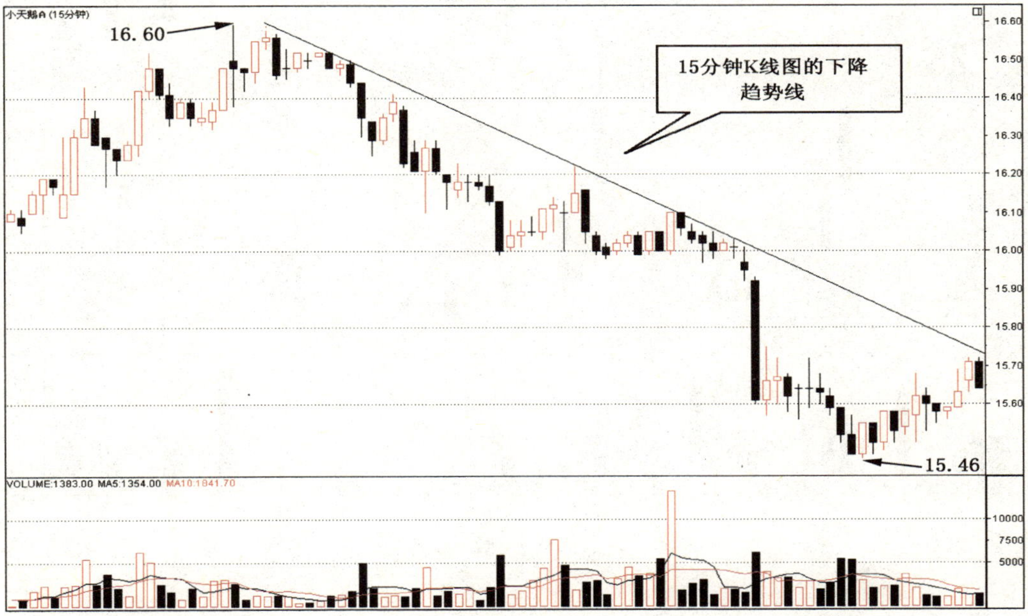
小天鹅A (15分钟)
16. 60
15分钟K线图的下降
趋势线
15. 46
VOLUME:1383.00 MA5:1354.00 MA10:1841.70

图 2—15

在下降趋势线形成时，每当股价涨升至趋势线形成短期峰顶时都是短线卖出的机会。

(3)水平趋势线。水平趋势线是在股价持续横盘整理的过程中，将每次的低点或高点相连而形成的横向延伸线，没有明显的上升趋势和下降趋势。

如果价格图形中后面的峰和谷与前面的峰和谷相比没有明显的高低之分，几乎呈水平延伸，这时的趋势就是水平方向，此时应该画出水平趋势线。

水平方向趋势是容易被大多数投资者忽视的一种方向。这种方向在市场上出现的机会是相当多的。就水平方向本身而言，也是极为重要的。大多数技术分析方法在对处于水平方向的市场进行分析时都容易出错，或者说作用不大。

这是因为这时的市场正处在供需平衡的状态，下一步朝着哪个方向运动是没有规律可循的。可以向上也可以向下，而对这样的对象去预测它朝向何方运动是较为困难的(见图2—16)。

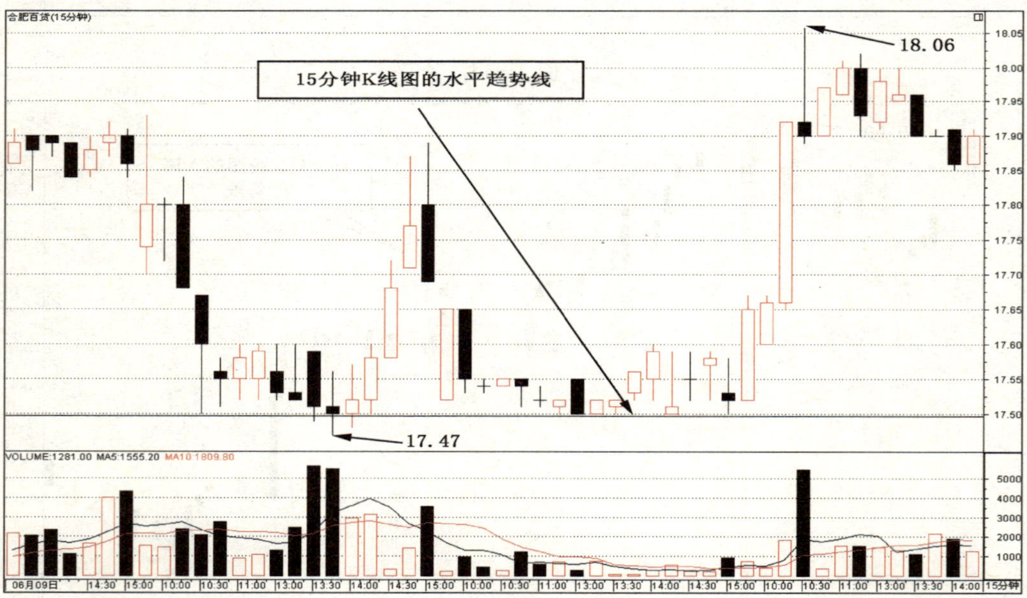


图2—16

在水平趋势线形成时，短线投资者必须判断水平线是支撑作用的还是压力作用的，从而判断出短线买卖点。

2.按照趋势持续时间的长短分类

(1)长期趋势线。长期趋势的时间跨度较长，通常在数月或一年以上。相对而言，长期趋势稳定、可靠，但有一定的滞后性。

(2)中期趋势线。中期趋势的时间跨度要短于长期趋势，而大于短期趋势，通常为4～13周。中期趋势容易把握，实战性强。

(3)短期趋势线。短期趋势时间较短，一般在几天或十几天的时间内。短期趋势灵活，但变化较快。

一个长期趋势要由若干个中期趋势组成，而一个中期趋势要由若干个短期趋势组成。在实际分析中，需要将三者结合起来分析，不能厚此薄彼。投资者在分析趋势的过程中，应按照从长到短的原则，先分析长期趋势，再分析中期趋势，后分析短期趋势(见图2—17)。

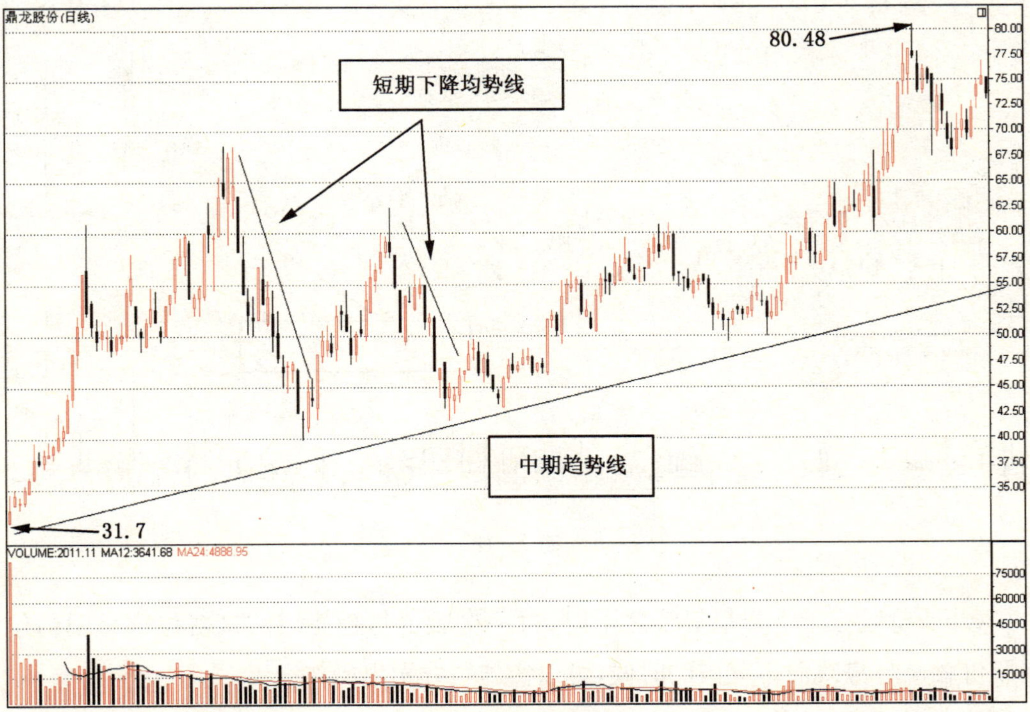


图2—17

## 二、趋势线的应用

一般来说，趋势线对价格今后的变动起约束作用，使价格总保持在这条趋势线的上方（上升趋势线）或下方（下降趋势线）。实际上，就是起支撑和压力作用。

(1)股价运行于上升趋势线之上时，每一次股价与趋势线的接触位都是支撑位。当股价触及趋势线而不破位的时候，可以实施短线买入操作。

例如：从15分钟K线图上可以看出通程控股(000419)在2011年6月形成了上升趋势线，进入7月份，该股分别在7月6日和7月13日两次触及趋势线，但股价都未能有效跌穿上升趋势线，此时投资者应短线买进(见图2—18)。

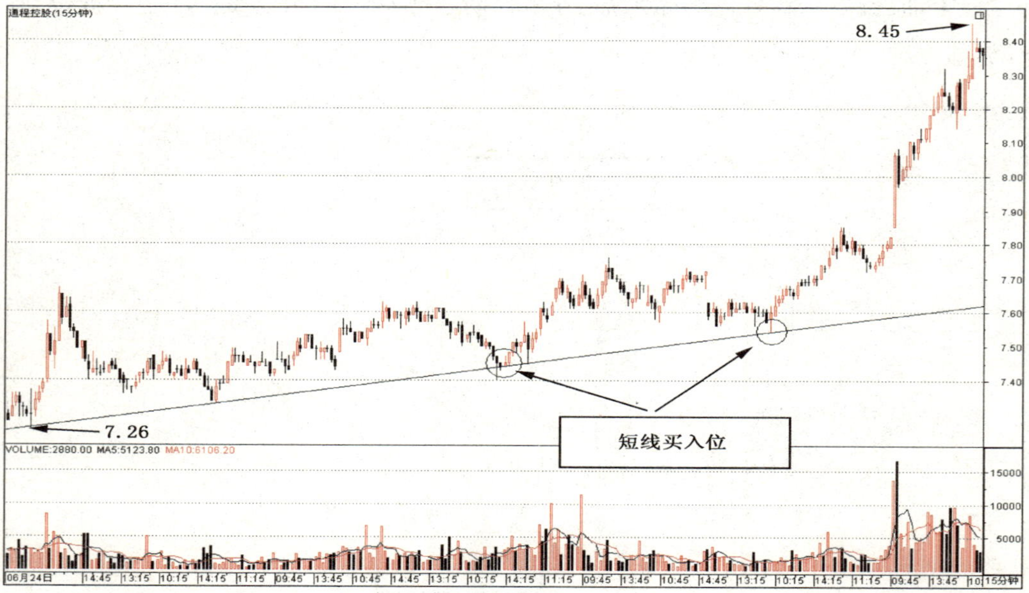


图2—18

(2)股价运行于下降趋势线之下时，每一次股价与趋势线的接触位都是阻力位。当股价触及趋势线而不突破的时候，可以实施短线卖出操作。

例如：华天酒店(000428)在2011年6月上旬形成了下降趋势线，并且股价运行于下降趋势线之下。6月15日，该股盘中多次触及趋势线都没有形成突破，此时如果短线投资者及时卖出，则可以回避随后出现的急跌(见图2—19)。

图 2—19

## 三、趋势线的突破反转

趋势线被突破后，说明价格下一步的走势将要向相反的方向运行。越重要、越有效的趋势线被突破，其转势的信号越强烈。被突破的趋势线原来所起的支撑和压力作用，现在将相互交换角度，即原来是支撑线的，现在将起压力作用；原来是压力线的，现在将起支撑作用。

(1)当股价快速突破下降趋势线的时候，表明行情将由弱转强，股价将形成底部反转，此时是短线买入位。

例如：安泰集团(600408)的 15 分钟 K 线在 2011 年 5 月下旬形成下降趋势线，但在 5 月 31 日下午刚刚开盘时，该股的股价就已经突破下降趋势线，说明短线趋势已经发生改变。果然，13：30 以后，该股迅速拉升，出现一波短线行情(见图 2—20)。

(2)当股价快速下穿上升趋势线的时候，表明行情将由强转弱，股价将形成顶部反转，此时是短线卖出位。

例如：杭州解百(600814)在 2011 年 5 月 20 日上午 10：00 快速跌破了其 15 分钟 K 线图的上升趋势线，从而形成了短线卖出位(见图 2—21)。

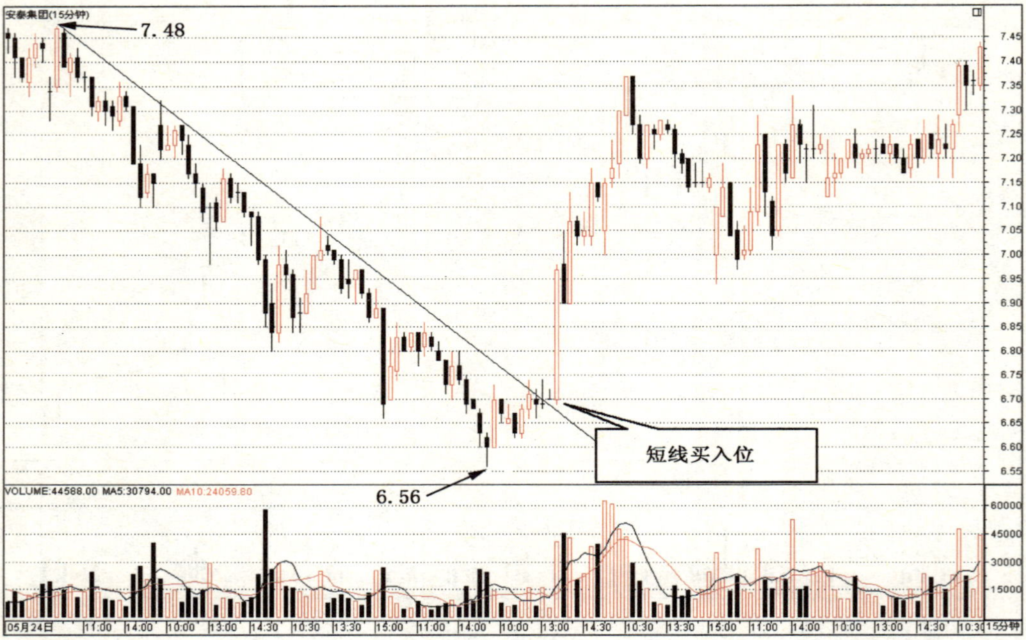


图 2—20

图 2—21

## 四、对趋势线突破后的回复确认

股价对趋势线突破以后往往会出现重新回复确认走势：

(1)如果是向上突破，那么原来的下降趋势线就会从阻力作用演变成支撑作用，当股价确认支撑以后，往往会展开新一轮上升行情。因此，这种对下降趋势线突破后的回复确认行情往往是最佳买入时机(见图 2—22)。

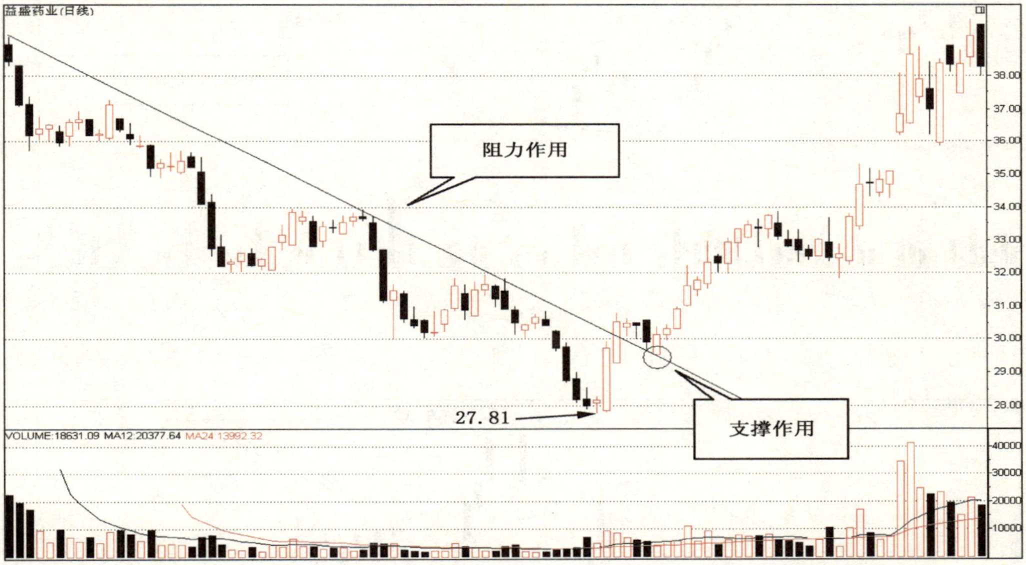


图 2—22

例如：华菱钢铁(000932)在 2011 年的年初才逐渐走稳，并且在 1 月 26 日向上突破了下降趋势线，但股价并没有出现立即上涨的行情，而是小幅回落。直至 2 月 10 日，该股跌至下降趋势线位置获得有效支撑，趋势线从原来的阻力作用演变为支撑作用，从而形成了短线最佳买点，投资者应果断买进(见图 2—23)。

(2)如果是向下破位，那么原来的上升趋势线就会从支撑作用演变成阻力作用，当股价确认阻力以后，往往会展开下跌行情。因此，这种对上升趋势线破位后的回复确认行情往往是最佳卖出时机(见图 2—24)。

例如：华意压缩(000404)在 2010 年 3 月下旬至 2010 年 4 月出现连续上涨行情，

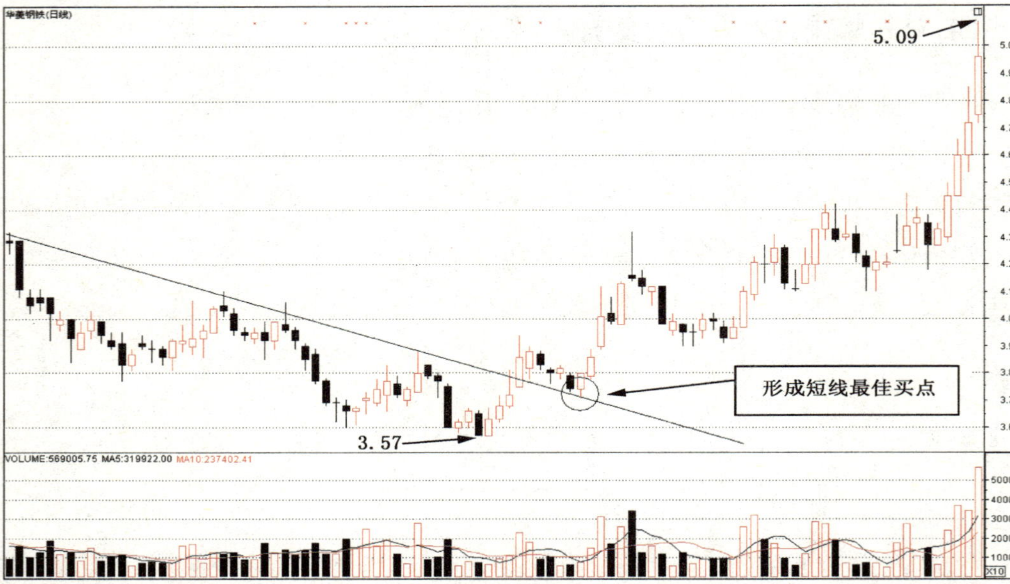
华菱钢铁(日线)
5.09
3.57
形成短线最佳买点
VOLUME:569005.75 MA5:319922.00 MA10:237402.41

图 2—23

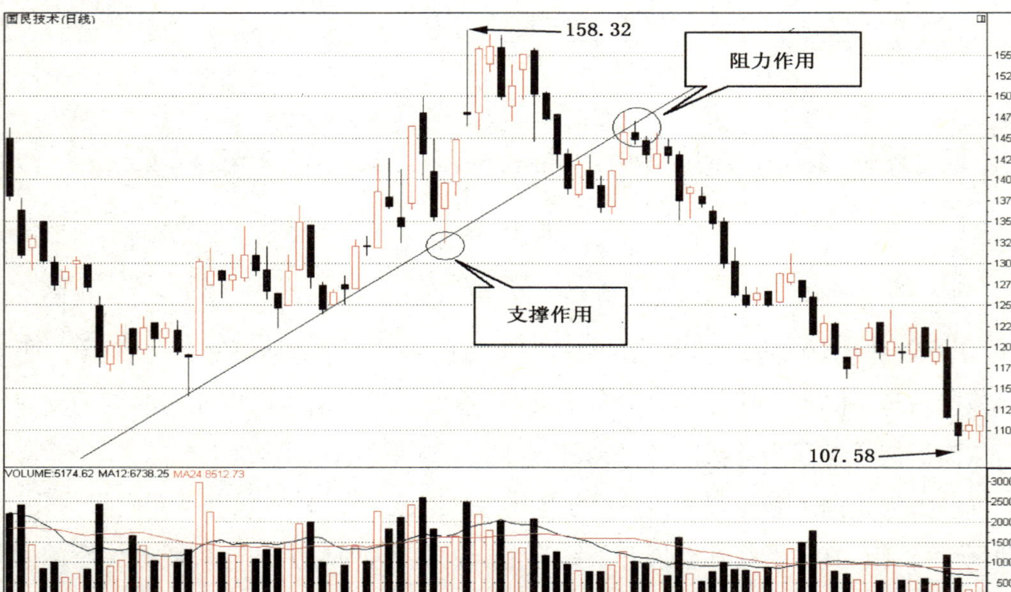
国民技术(日线)
158.32
阻力作用
支撑作用
107.58
VOLUME:5174.62 MA12:6738.25 MA24:8512.73

图 2—24

股价从 8.03 元上涨到 14.35 元，随后出现回调行情，并且在 4 月 28 日跌穿上升趋势线。5 月 5 日和 6 日股价回升至上升趋势线，但却无力返回到趋势线之上，原来起到支撑作用的上升趋势线这时形成了阻力作用。因此，这时的上升趋势线就演变成了短线最佳卖点，投资者应果断卖出（见图 2—25）。

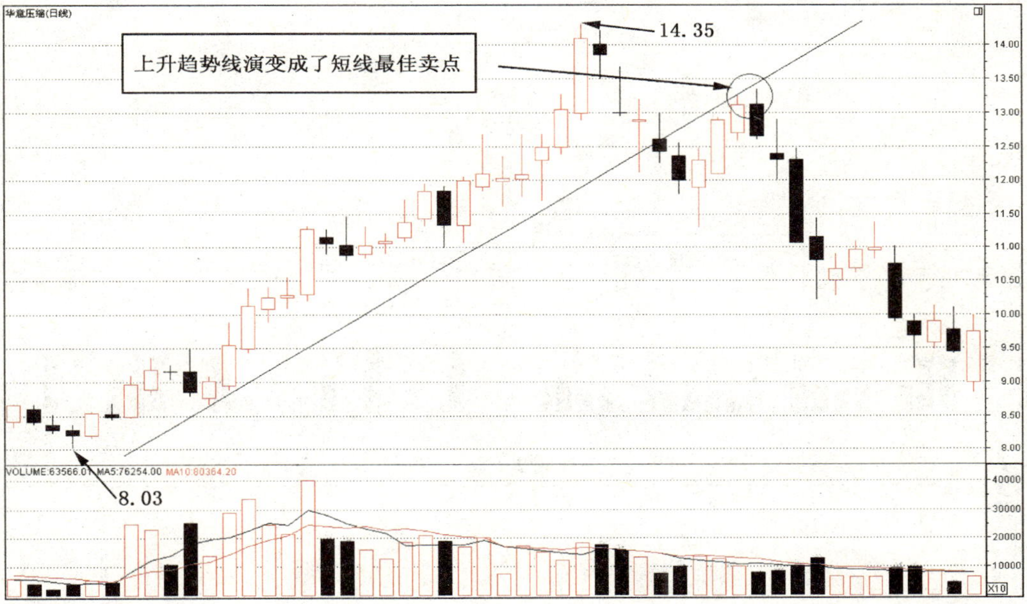


图 2—25

## 第七节　趋势线突破的判断

研判股价对趋势线的突破是否有效，重点需要关注三个因素：角度、幅度和量能配合情况（见图 2—26）。

股价对趋势线突破时需要关注股价运行轨迹与趋势线的角度，一般角度越接近垂直的，突破有效性越强（见图 2—27）；而角度越平缓的，突破有效性越弱。

股价的运行轨迹可以用均线系统或直接目测进行判断。

股价的上涨或下跌的幅度也影响对趋势线突破的有效性。一般情况下，收盘价穿越趋势线超过 3% 的幅度，为有效突破（见图 2—28）。

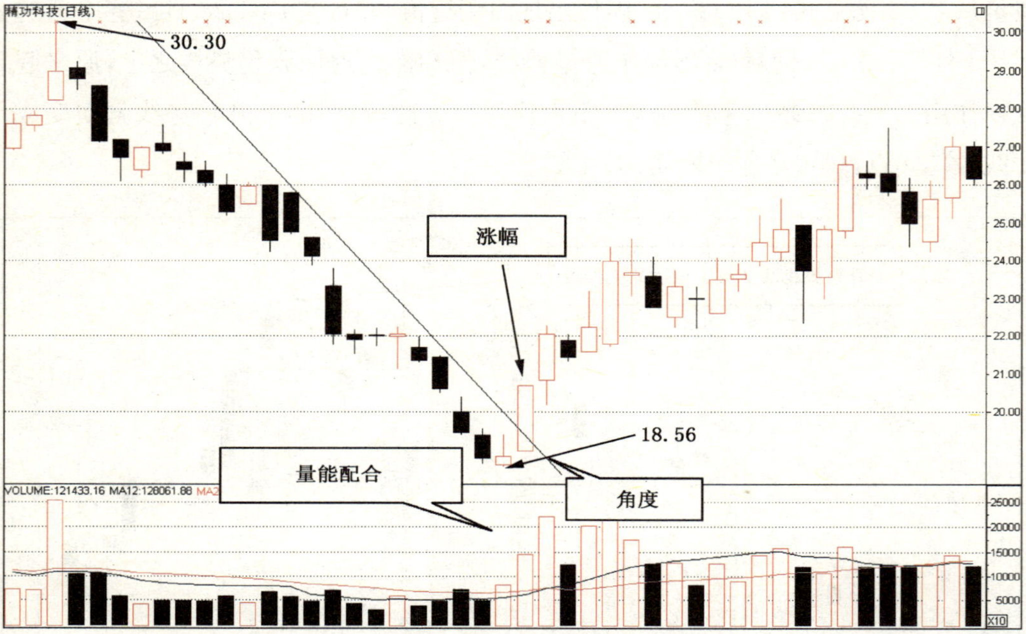


图 2—26

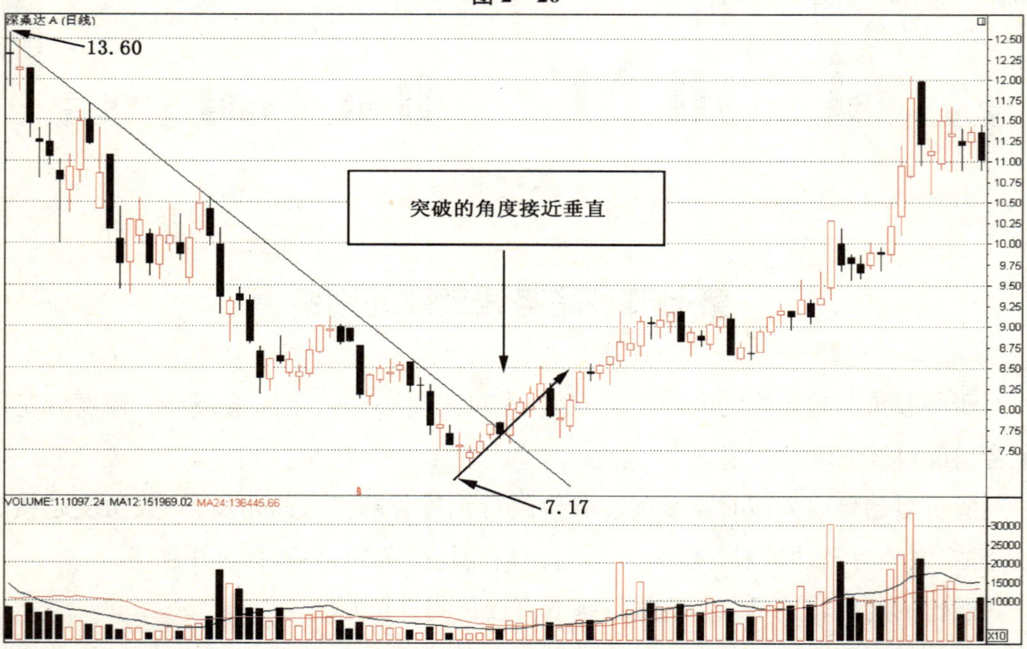


图 2—27

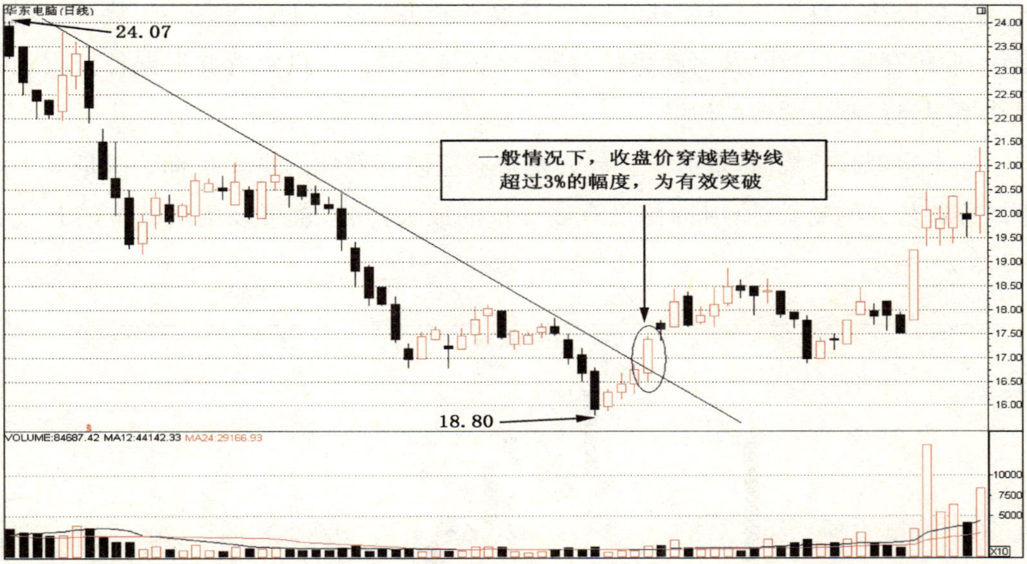


图 2—28

投资者在实际应用中不必拘泥于教条，特别是在下跌破位趋势线时，即使跌幅没有达到 3%，也需要卖出(见图 2—29)。

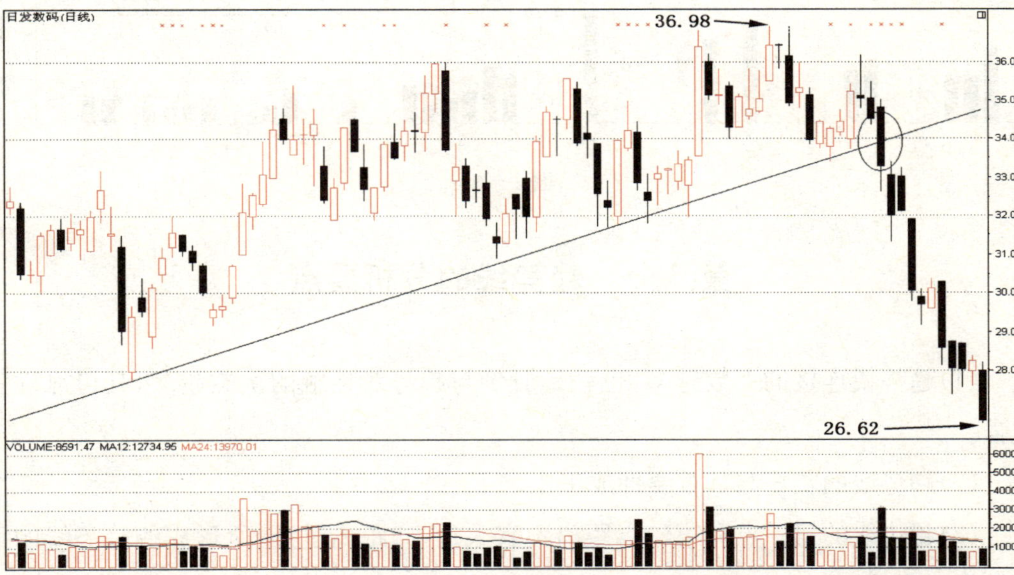


图 2—29

大盘股和小盘股、高价股和低价股、活跃股和不活跃股的标准是不一样的。理论上说，股价穿越趋势线后，离趋势线越远，突破越有效。但投资者要根据各种股票的具体情况自己制定适合的标准。

向上突破趋势线时，量能是否放大是检验突破有效性的重要指标。但是对于向下跌穿趋势线的突破，有时即使没有成交量的放大配合，也可以确认破位的有效性（见图 2—30）。

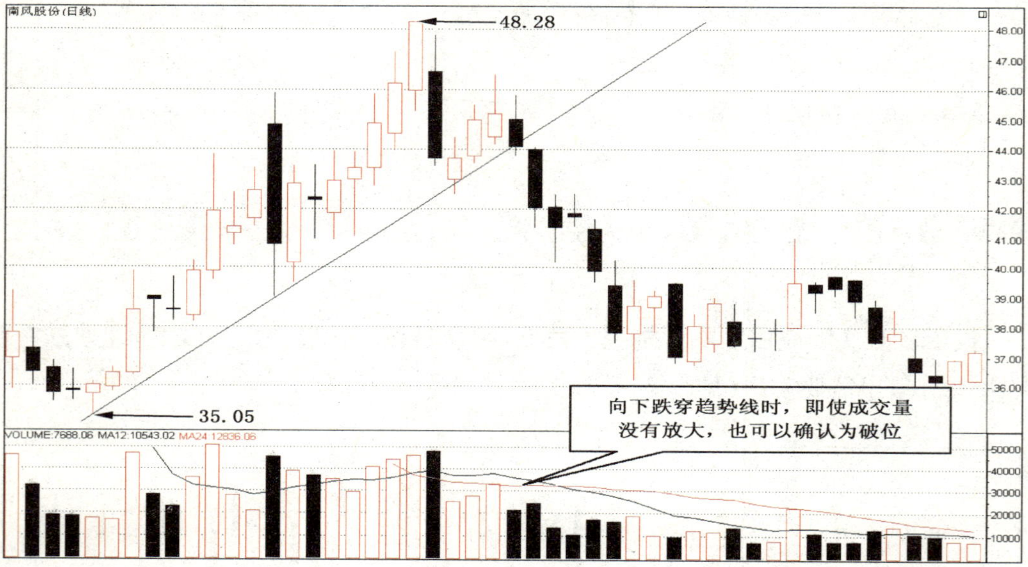


图 2—30

## 第八节　趋势线的分析要点

（1）趋势线连接的点数越多，也就是股价与趋势线接触的次数越多，其可靠性就越强。

（2）趋势线的长短与其重要性成正比。

（3）趋势线的第一点和第二点距离不宜太近，如距离过近，所形成的趋势线的重要性将会降低。

（4）趋势线的角度至关重要，过于平缓的角度显示出力度不够，不容易马上产生行情;过于陡峭的趋势线虽然表明股价有较强的上升或下降动力,但往往不能持久,容易很快转变趋势。

著名角度线大师江恩认为:45°的趋势线非常可靠,也就是江恩所说的1×1角度线;但是,这个角度的说法在现有的软件中缺乏统一的标准。因为当图形放大或缩小时角度会出现变化,所以,投资者在实际应用中不必限制在45°的固定标准中,只要寻找角度适中的趋势线就可以了。

(5)在上升趋势中需要成交量温和放大的支持,而在下跌趋势中却不必一定有成交量的支持。

(6)短线强势股往往是加速上涨的形态,所以它的支撑线往往是一个比一个陡,这样才可能出现大涨。如果一只股票在上升途中并没有较大幅度的调整,但是一个平台比一个长,趋势线一个比一个平缓,说明上涨将结束。

例如:开元投资(000516)在2010年下半年形成了3条上升趋势线,但是,趋势线一个比一个平缓,但C趋势线形成,短线投资者应保持警惕,一旦股价跌穿C趋势线,投资者应果断卖出(见图2—31)。

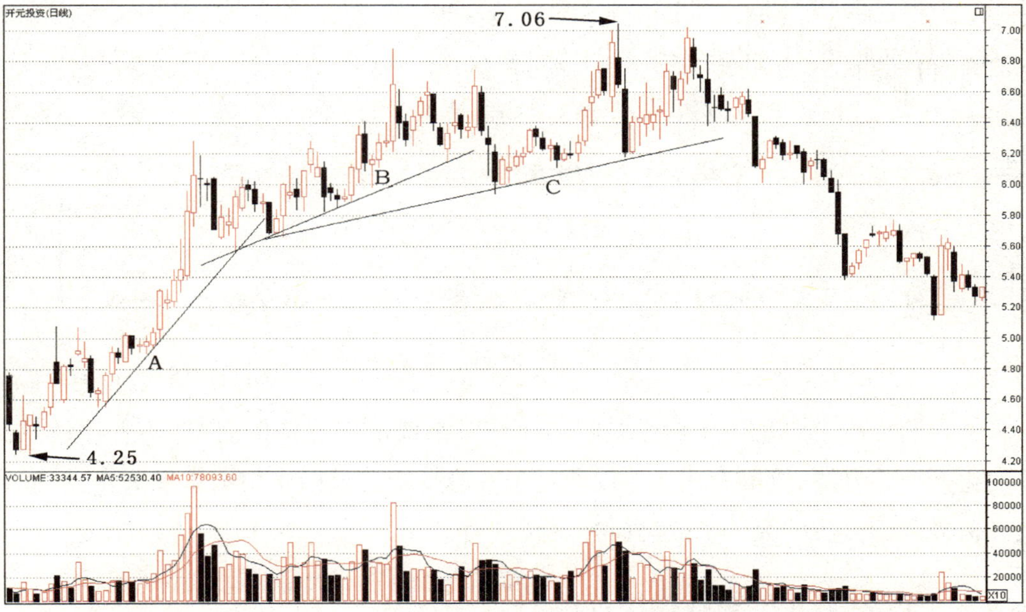


图2—31

# 第九节　修正趋势线的研判

## 一、趋势线修正的必要性

趋势线并非完全延续着一条固定的线运行的，在股价的发展过程中趋势会出现一定的变化。当趋势发生改变以后，需要重新画出新的趋势线，对原有的趋势线进行修正，并且有时需要与原来的趋势线进行对比分析。

例如：山东黄金（600547）在上涨过程中，上升趋势线是不断修正的（见图 2—32）。

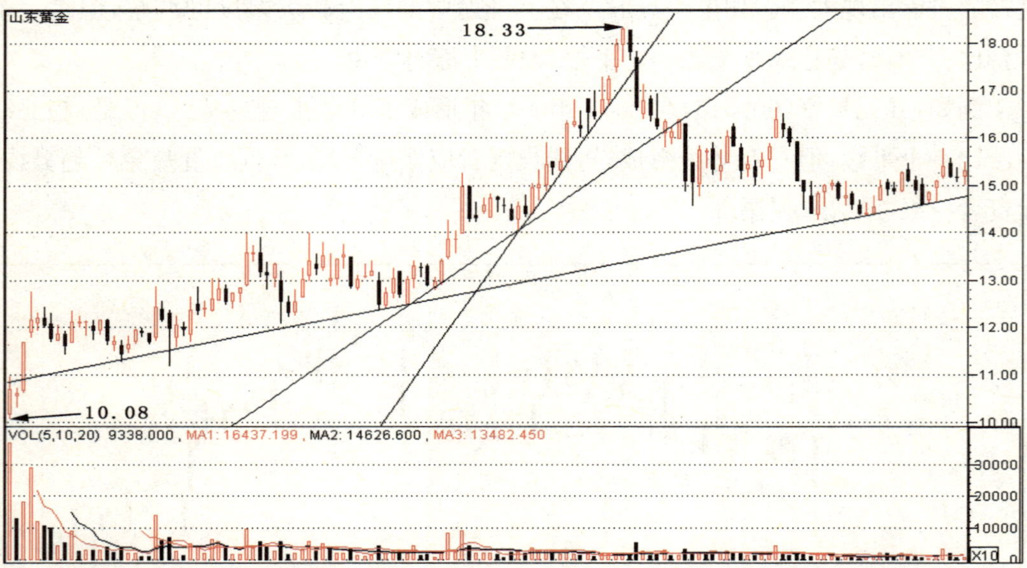


图 2—32

修正趋势线主要是用于较长时间的上涨行情或下跌行情的研判，随着行情发展的变化调整趋势线，投资者往往可以通过了解趋势线的阻挡作用来选择买卖点，或通过分析多条趋势线的突破来提高研判反转的有效性。

## 二、趋势线修正的短线操作技巧

在个股的上涨行情中，有两种情况：一种是越涨越快型，另一种是越涨越慢型。

而下跌行情中也存在越跌越快和越跌越慢两种情况。在不同情况下，修正趋势线的短线操作技巧是不同的。

1. 越涨越快型股票的研判技巧

当市场行情较好时，个股走势将越来越强，依据原来的上升趋势线寻找买点将越来越困难，此时投资者有必要根据实际情况画出新的上升趋势线，这样才能寻找到更实际的买点，便于短线操作。

越涨越快型股票的修正趋势线按照先后顺序可以分为①、②、③；当股价接近于每条上升趋势线并且获得支撑时，是短线买入位（见图 2－33）。

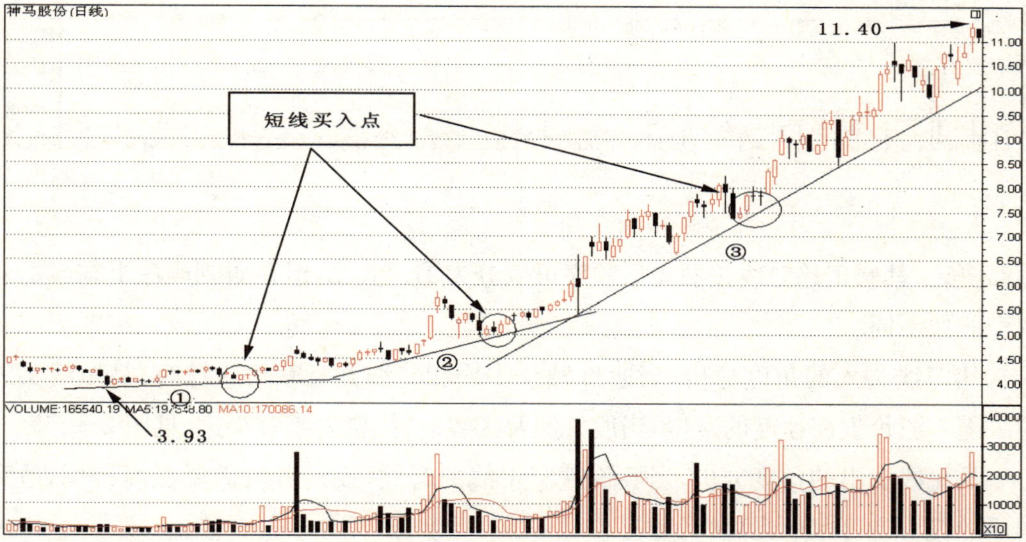


图 2—33

当股价跌穿趋势线时，要根据趋势线的角度和形成时间来判断，当股价跌穿③线的时候，投资者就需要提高警惕，盈利丰厚的投资者需要果断止赢。

当股价跌穿②线的时候，可以确认反转，这时投资者要果断止损。

当股价跌穿①线的时候，股价已经跌幅较深，投资者如果实施止损操作，相对来说为时已晚（见图 2－34）。

2. 越涨越慢型股票的研判技巧

越涨越慢型股票的最初上涨十分强劲，但是随着上涨幅度的增大，后续做多力量

图 2—34

逐渐匮乏，其修正趋势线按照先后顺序可以分为①、②、③，但在研判顺序上与越涨越快型股票不同。

从短线买入的角度分析，当股价触及①线和②线并且获得支撑时，是短线买入位。随着股价上涨速度的减慢，当股价触及③线时，投资者不宜买进（见图 2—35）。

从短线卖出的角度分析，当股价跌穿①线的时候，投资者就需要提高警惕，盈利丰厚的投资者可以适当减仓。

当股价跌穿②线的时候，可以确认反转，这时投资者要果断止损。

由于越涨越慢型股票的③线是在高位缓慢上涨中形成的，所以当股价跌穿③线的时候，投资者已经面临一定的损失，为了控制风险，防止损失进一步扩大，投资者可以实施止损操作（见图 2—36）。

3. 越跌越快型股票的研判技巧

越跌越快型股票在跌市形成初期，下跌趋势比较缓和，但随着股价的逐渐滑落，看空的人逐渐增多，股价逐渐演变成跳水走势。在此过程中，下降趋势线形成①、②、③三条修正趋势线。

从短线卖出的角度分析，当股价触及①线和②线并且遇到阻力时，是短线卖出时

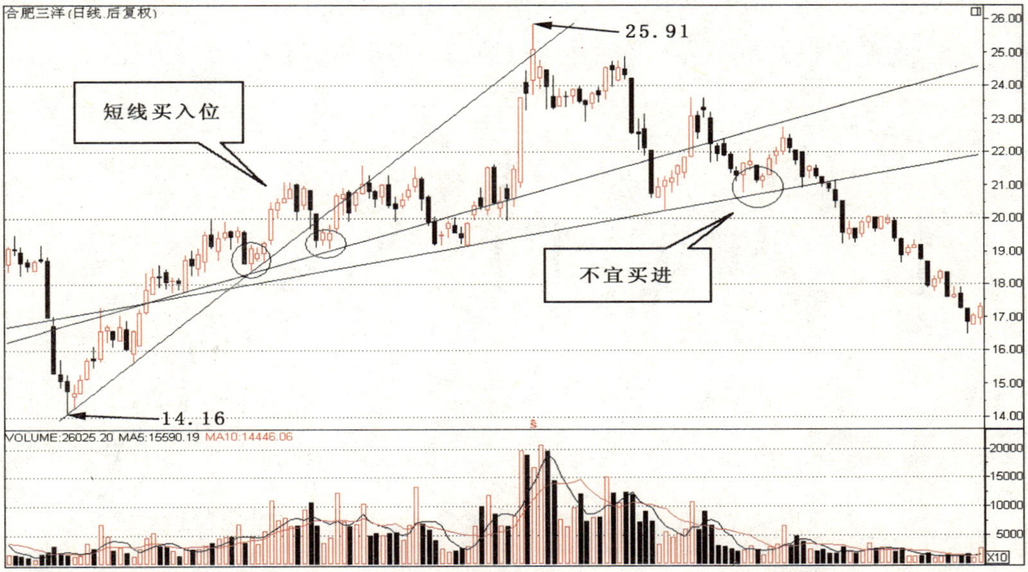
合肥三洋(日线,后复权)
25.91
短线买入位
不宜买进
14.16
VOLUME:26025.20 MA5:15590.19 MA10:14446.06

图 2—35

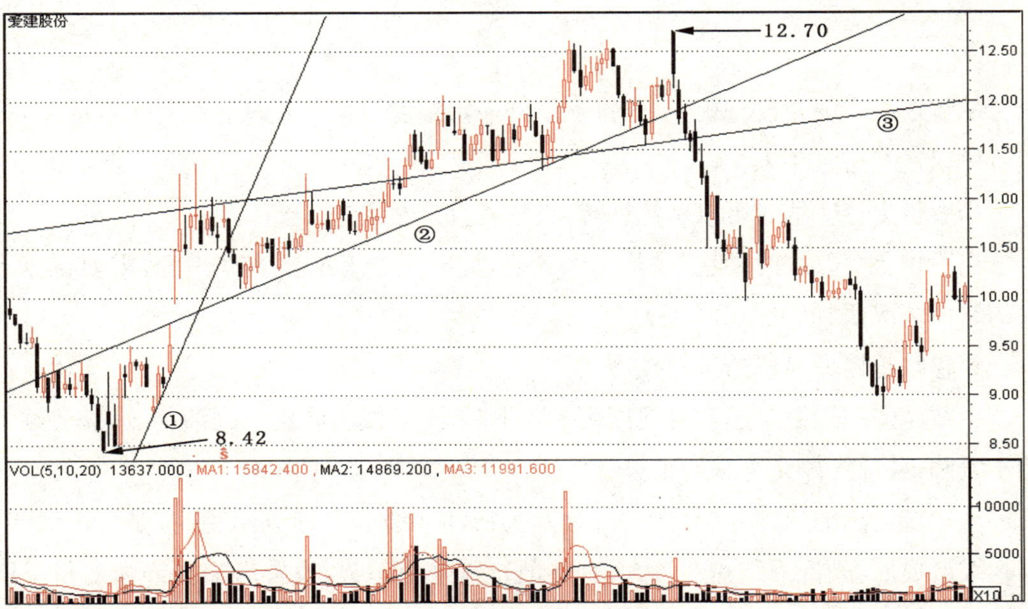
爱建股份
12.70
①
②
③
8.42
VOL(5,10,20) 13637.000 , MA1: 15842.400 , MA2: 14869.200 , MA3: 11991.600

图 2—36

机。当股价下跌速度加快，形成了较为陡峭的③线下降趋势线时，投资者不能仅仅考虑卖出了，而是要根据市场情况随时注意行情是否将止跌回升（见图 2－37）。

图 2－37

从短线买入的角度分析，当股价下跌到一定幅度后出现止跌企稳并上穿③线，投资者可以适当跟进买入。

当股价上穿②线时可以确认反转，投资者宜果断买进。

当股价上穿③线时，股价往往已经涨高，此时是否有必要实施追涨，需要根据当时的具体情况研判（见图 2－38）。

4. 越跌越慢型股票的研判技巧

越跌越慢型股票是起初表现出跳水式下跌，随着做空能量的逐渐释放，跌势逐渐趋于缓和，并最终停止下跌的走势。

从短线卖出的角度分析，当股价触及①线和②线并且遇到阻力时，是卖出时机。当③线形成后，股价下跌幅度较大，有逐渐止跌企稳态势，投资者需要谨慎对待下降趋势③线的压制作用。因为这时股价已经接近底部，投资者不宜过度恐慌，不要盲目抛售廉价股票（见图 2－39）。

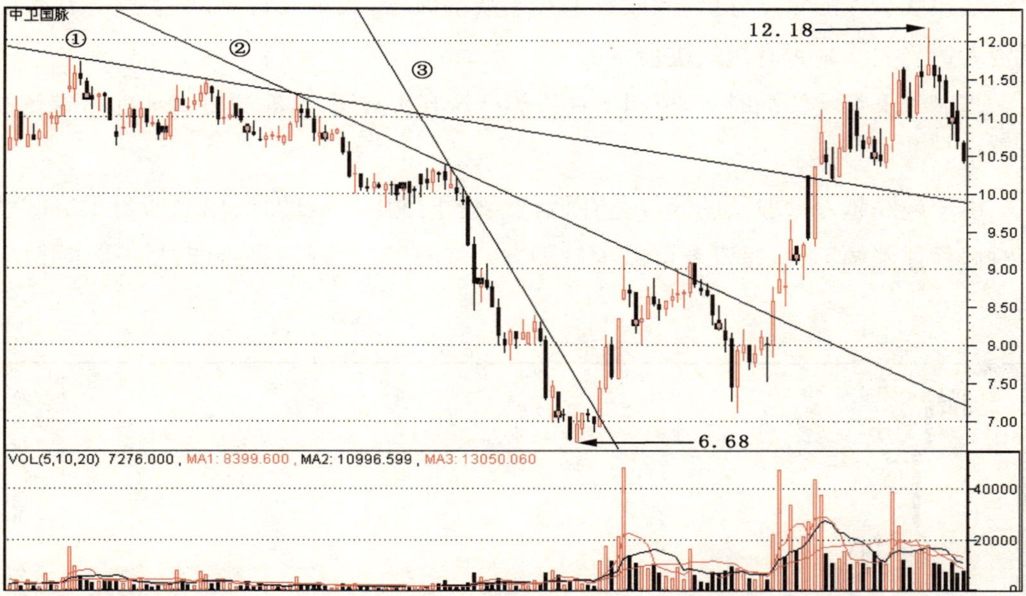
中卫国脉
①
②
③
12.18
6.68
VOL(5,10,20) 7276.000 , MA1: 8399.600 , MA2: 10996.599 , MA3: 13050.060

图 2—38

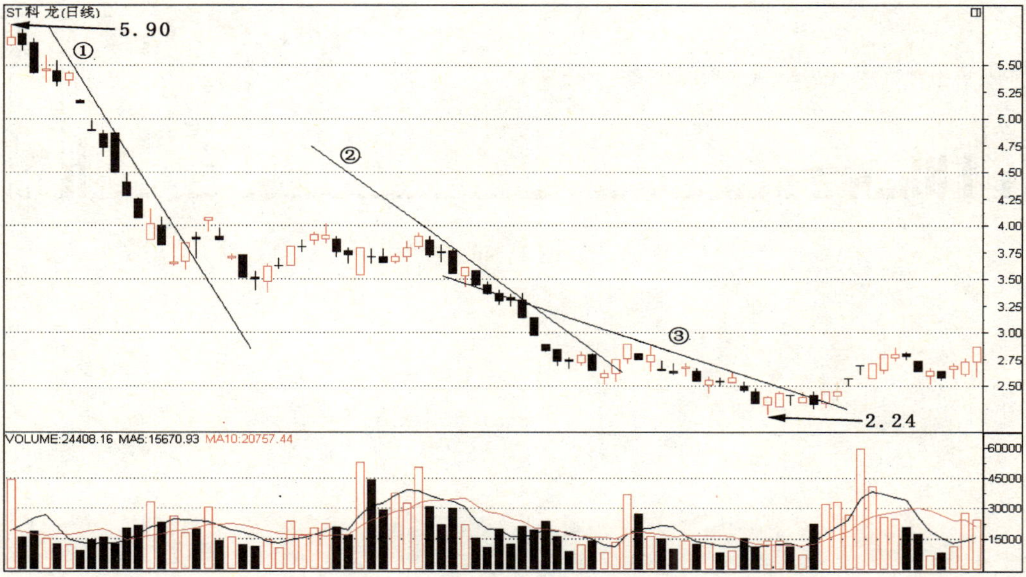
ST科 龙(日线)
5.90
①
②
③
2.24
VOLUME:24408.16 MA5:15670.93 MA10:20757.44

图 2—39

从短线买入的角度分析，当股价上穿①线的时候，表示股价下跌趋势由急变缓，投资者适当关注是否有短线机会。

当股价上穿②线的时候，说明下跌趋势已经有所减缓，这时投资者要注意等待买进时机。

由于越跌越慢型股票的③线是在低位缓慢下跌中形成的，所以当股价上穿③线的时候往往涨幅不大，投资者可以少量买进，并注意观察行情是否能进一步走强（见图 2—40）。

图 2—40

# 第三章　支撑线和阻力线

## 第一节　支撑线和阻力线短线操作

### 一、支撑线和阻力线的定义

市场上的股价在达到某一水平时，往往不再继续上涨或下跌，似乎在此价位上有一条对股价起阻拦或支撑作用的抵抗线，分别称之为阻力线和支撑线。

所谓阻力线，是指股价上升至某一高度时，有大量的卖盘供应或是买盘接手薄弱，从而使股价的继续上涨受阻。

例如：从15分钟K线图分析，中航黑豹（600760）在2011年3月末和4月初在16.20元遭遇阻力线的压制，股价多次上冲无果，最终选择了下跌调整走势（见图3—1）。

支撑线则是指股价下跌到某一高度时，买气转旺而卖气渐弱，从而使股价停止继续下跌。

例如：从15分钟K线图分析，盛运股份（300090）在2011年6月末～7月初在10.70元一线形成支撑线，有效阻止了股价的下跌，从而为该股随后出现的短线上涨行情奠定了基础（见图3—2）。

从供求关系的角度看，“支撑”代表了集中的需求，而“阻力”代表了集中的供给，股市上供求关系的变化，导致了对股价变动的限制。

例如：从15分钟K线图分析，新疆城建（600545）在2011年4月～5月期间形成了上有阻力、下有支撑的短期平衡走势，说明该股的供求关系暂时达到一种均衡态

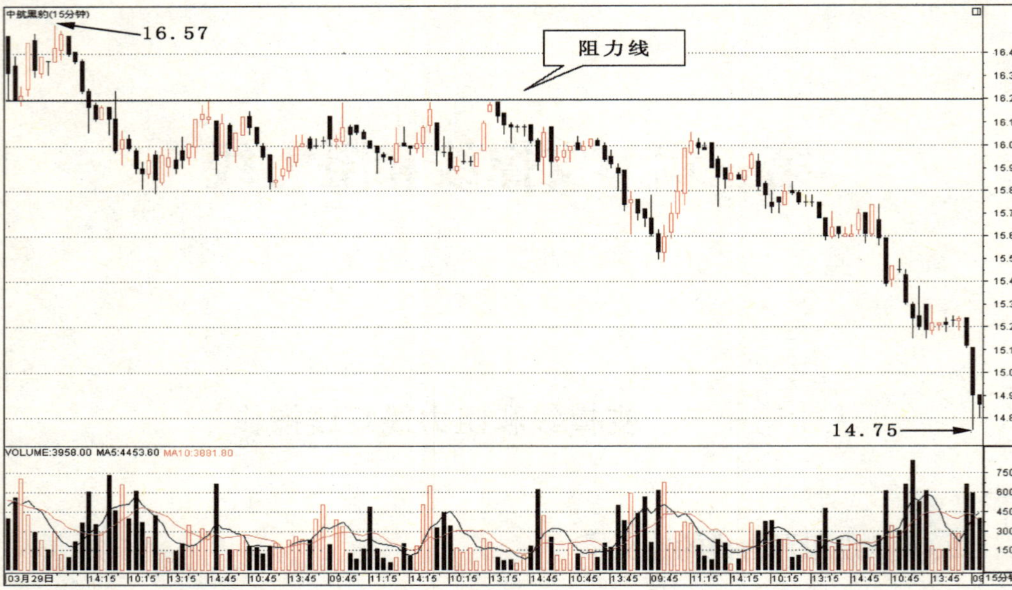


图 3—1

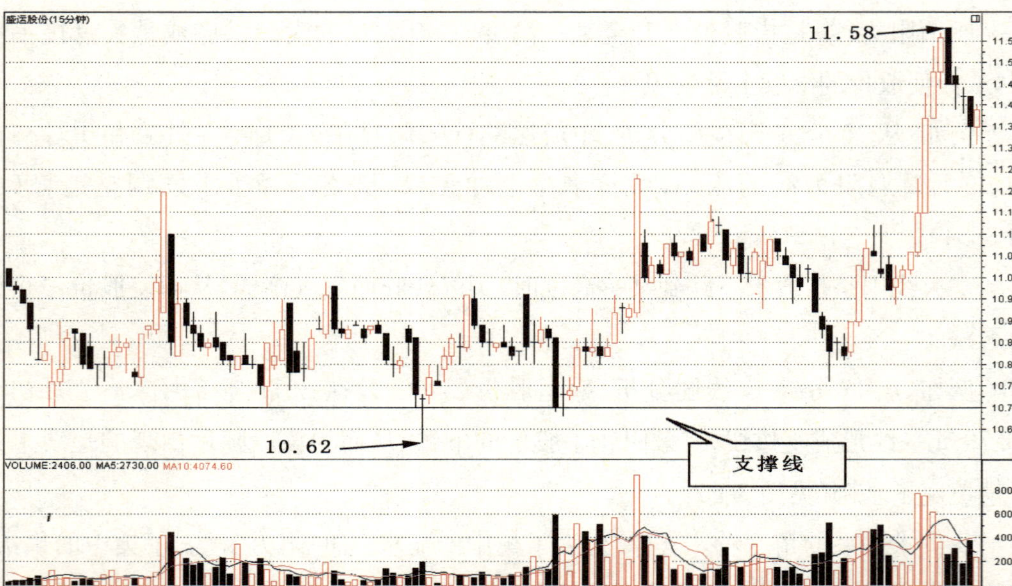


图 3—2

势,此时投资者可以进行短线波段操作(见图 3—3)。

图 3—3

支撑线和阻力线实际上是趋势线的一种,它们与趋势线的关系如下:

支撑线就是股价横向整理过程中各个低点相连的水平趋势线;阻力线就是股价横向整理过程中各个高点相连的水平趋势线。

## 二、支撑线的短线操作方法

在 K 线图上,只要最低价位在同一微小区间多次出现,则连接两个相同最低价位并延长即成一支撑线,它形象地描述了股票在某一价位区间内需求大于供给的不平衡状态。当交易价位跌入这一区间时,因买气大增但卖方惜售,使得价位调头回升。

其内在实质是:因前阶段行情反复出现这一价位区间,累积了较大的成交量,当股价或指数由上而下向支撑线靠拢时,做空者获利筹码已清,手中已无打压抛空筹码;做多者持币趁低吸纳,形成需求;举棋不定者套牢已深,筹码锁定而不轻易斩仓。故在这一价位区间供应小于需求,自然形成了强有力的支撑基础。另外,由于行情多次在此回头,也确立了广大投资者的心理支撑价位区间,只要无特大利空消息出台,行情将获得支撑和反弹，而这一价位就形成了支撑线(见图 3—4)。

图 3—4

行情在成交密集区获得暂时的支撑后，后势有两种可能：一是反弹上升；二是支撑线被有效击破，行情继续下行。

支撑线并不仅仅产生于成交密集区，当行情下跌至某一历史低位时，也会产生支撑线，这实际上也是广大投资者对历史低位的心理依赖所致，因此，这种支撑线也称为心理支撑线。

从短线操作的角度而言，当支撑线形成之后，只要股价每次下跌到支撑线附近时没有出现有效破位的情况，都是短线买进的时机。

例如：从 15 分钟 K 线图分析，福建水泥(600802)在 2011 年 7 月初形成支撑线，7 月 12 日上午 10:15，当福建水泥再次在该切线位置获得支撑时，就是最佳短线买入时机(见图 3—5)。

## 三、阻力线的短线操作方法

在 K 线图上，只要最高价位在同一微小区间出现多次，则连接两个相同最高价位

图 3—5

并延长即形成一阻力线,它形象地描述了股票在某一价位区间供应大于需求的不平衡状态。当交易价位上升至这一区间时,因卖盘大增,而买方又不愿追高,所以行情表现为遇阻回落向下。

其内在实质是:与支撑线产生于成交密集区一样,阻力线同样出现于成交密集区。因为在这一区间有较大的累积成交量,当交易价位已在该密集区间以下时,市场中有大量套牢者。因此,当行情由下向上回升,迫近阻力线时,对后市看空者急于解套平仓或获利回吐,大量抛盘涌出,股票的供应量放大。对后市看好者顾忌价位已高,期望价位回落再建仓,故跟进犹豫,常保持观望态度,故此时股票的需求量相对较小,反复多次出现这种情况,阻力线便自然形成(见图 3—6)。

当行情由下向上回升,迫近阻力线时,若能有利多消息助威,且交易价位突破阻力后有成交量放大配合,则阻力线被有效突破,交易价位上一台阶,该阻力线即成了后市的支撑线。

阻力线同样也并不仅仅产生于成交密集区,历史性的最高价位也往往是投资者

**图 3—6**

难以突破的心理阻力线。

因为支撑线与阻力线均形成于成交密集区，所以同一成交密集区既是行情由下向上攀升的阻力区，又是行情由上向下滑落的支撑区。当成交密集区被突破，在行情上升过程中，一般伴随有高换手率，阻力线变换为支撑线；在行情下降过程中，换手率一般不明显增大，一旦有效突破，则支撑线变换为阻力线。

从短线操作的角度而言，当阻力线形成之后，只要股价每次上涨到阻力线附近时股价无力向上突破，就是短线卖出的时机。

例如：从 15 分钟 K 线图分析，高德红外(002414)在 2011 年 5 月初形成阻力线，当 5 月 13 日和 16 日股价两次上涨到这一价位却无法突破时，短线投资者应果断卖出(见图 3—7)。

## 四、突破支撑线和阻力线的短线操作方法

以上介绍了阻力线和支撑线没有形成突破或没有有效破位时的操作方法，当阻

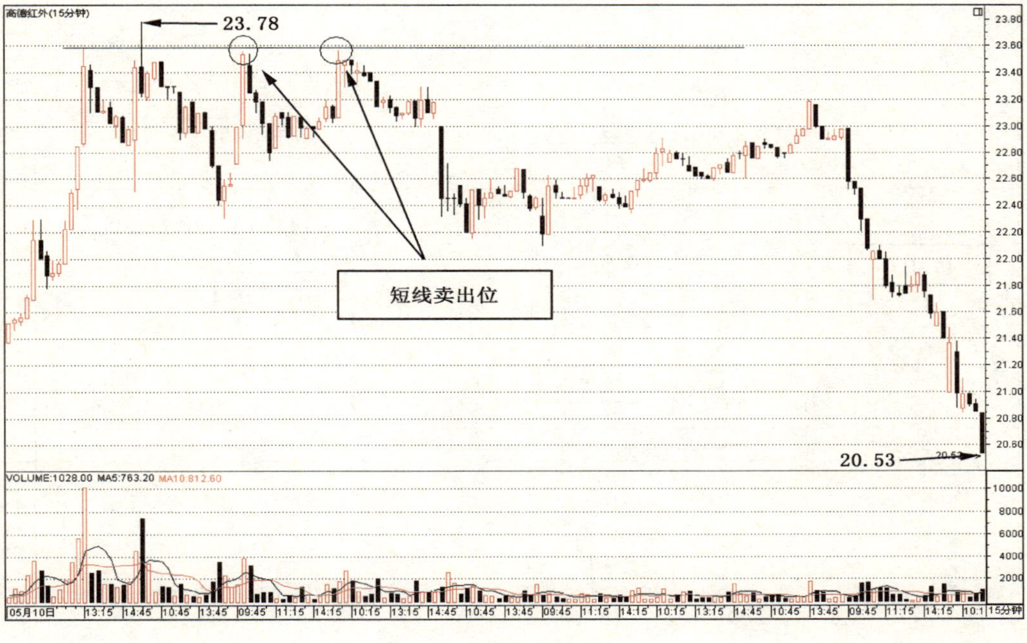


图 3—7

力线和支撑线被突破后，支撑线和阻力线的作用转换是可以相互转化的。

当股价从上向下跌破一条支撑线后，原有的支撑线将可能转变为阻力线；而当股价从下向上突破一条阻力线后，原有的阻力线也将可能转变为支撑线。

一般若股价在某个区域内上下波动，并且在该区域内累积成交量极大，那么如果股价冲过或跌破此区域，它便自然成为新的支撑线或阻力线，从而形成支撑线和阻力线的作用转换（见图 3—8）。

支撑位与阻力位的形成情况有两种：一种是由市场实际的密集成交区形成的，另一种是心理价位。对于前一种，如果市场的密集成交区在当前价位之上，那么该区域就会在股价（或指数）上涨时形成阻力，这就是所谓的“套牢盘”；反之，如果市场当前的价位在历史密集区之上，那么该密集区就会在股价（或指数）下跌时形成支撑。至于心理价位，则多数是对整数股价而言的。比如 20 元、50 元和 100 元等股价会形成心理上的阻力位或支撑位。

对某只个股而言，如果股价轻松越过了前期密集成交区，则往往是主力资金控盘

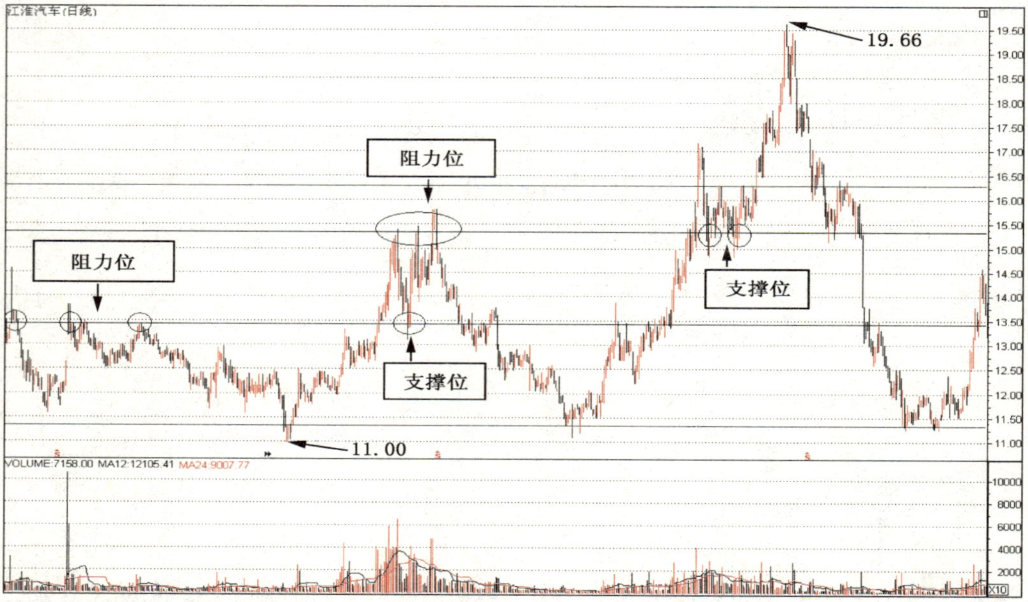


图 3—8

程度较高的标志。同时由于股价在突破阻力线后，上方已无套牢盘，上升空间被打开，这种股票是短线介入的良好品种。

例如：从 15 分钟 K 线图分析，升华拜克(600226)在 2011 年 7 月中旬在 10.50 元形成阻力线，当 7 月 18 日下午 14:45，该股放量突破阻力线时，短线投资者应果断买进(见图 3—9)。

同样的道理，当股价迅速跌穿其支撑线时，说明个股的强弱态势已经发生变化，短线弱势已经形成，原来的支撑线将在短期内演变成阻力线，此时投资者应及时卖出。

例如：从 15 分钟 K 线图分析，山东墨龙(002490)在 2011 年 4 月于 21.35 元形成支撑线，但是 4 月 19 日上午开盘不久，该股突然快速下跌形成破位走势，形成了短线卖出位。随后在 4 月 28 日该公司公布了 2011 年 1 季报，季报显示由于钢价大幅上涨导致业绩明显下滑，此后该股连续下跌直至 14.40 元。从这个例子可以看出，盘面信息往往领先于实际消息，投资者通过短线技术分析可以提前回避利空风险或提前把握市场投资机会(见图 3—10)。

图 3—9

图 3—10

## 第二节　支撑线和阻力线应用要点

### 一、支撑线和阻力线的影响力

每一条支撑线和阻力线的确认都是由市场行为导致的，主要是根据价格变动所画出的图表，能够反映出市场行为的意图。一般来说，一个支撑线和阻力线对当前时期影响的重要性可以从以下三个方面加以考虑：

(1)价格在这个区域停留时间的长短。

(2)价格在这个区域伴随的成交量的大小。

(3)这个支撑区域和阻力区域发生的时间距离当前这个时期的远近。

很显然，价格停留的时间越长，伴随的成交量越大，离当前行情越近，则这个支撑区域和阻力区域对市场影响就越大；反之，就越小。

### 二、支撑线和阻力线的修正

上述三个方面是确认一个支撑和阻力的重要识别手段。有时，由于价格的变动，会发现原来确认的支撑和阻力可能不真正具有支撑和阻力的作用。比如说，不完全符合上面所述的三条原理。这时，就有一个对支撑线和阻力线进行调整的问题，这就是支撑线和阻力线的修正。

对支撑线和阻力线的修正过程其实是对现有各个支撑线和阻力线的重要性的确认。每个支撑和阻力在人们心目中的地位是不同的，因此，当市场情况发生改变时，投资者需要重新定位新的支撑线和阻力线。

例如：从15分钟K线图分析，富瑞特装(300228)在2011年6月中旬形成了第一条支撑线。进入6月下旬，随着股价的进一步上涨，投资者在短时间内已经不可能在第一条支撑线附近寻找到买点。这时应根据实际情况，画出第二条支撑线，并且据此操作(见图3—11)。

### 三、支撑线和阻力线的心理作用

有的投资者认为，只有在下跌行情中才有支撑线，只有在上升行情中才有阻力

图 3—11

线。其实,这是不正确的,在下跌行情中也有阻力线,在上升行情中也有支撑线。但是由于在下跌行情中投资者最关注的是跌到什么地方才能结束,关心支撑线就多一些;在上升行情中投资者更关注涨到什么价位股价会回调,所以关心阻力线多一些。

实际短线操作的过程中,无论是行情涨跌,都应该关注阻力和支撑位。

## 四、支撑线和阻力线应用要点

切线方法提供了很多价格移动可能存在的支撑线和阻力线。这些支撑线和阻力线对行情判断有很重要的作用。但是,应该明确的是,支撑线和阻力线有突破和不突破两种可能。在实际应用中会产生一些令人困惑的现象。因为缺乏经验的投资者往往不能立即判断出价格是否成功突破,而是等价格已经离开了很远的时候才能够肯定突破成功和突破失败。这需要短线投资者一方面结合其他技术分析进行综合研判,另一方面也要在实践中不断磨炼自己的盘面感觉,提高短线操作的能力。

用各种方法得到的切线提供了支撑线和阻力线的位置,这些位置值得参考,但不能把这些价位当成绝对的依据而完全依赖它们。证券市场中影响价格波动的因素很多,支撑线和阻力线仅仅是多方面因素中的一个。短线投资者应综合市场情况,从多个方面同时考虑才能提高盈利水平。

## 五、正确认识支撑位与支撑线

支撑位是指在股价下跌时可能遇到支撑从而止跌回稳的价位。支撑位与支撑线的关系是:支撑线是由多个支撑位组成的。

当跌势形成后,投资者都会积极寻找支撑位。支撑位通常是由以下几种情况产生的:

(1)技术指标形成的支撑位;

(2)均线系统形成的支撑位;

(3)上升趋势线形成的支撑位;

(4)各种技术形态的颈线位,如头肩顶或圆弧顶等头部形态的颈线位;

(5)上升通道的下轨线形成的支撑位;

(6)大型缺口的下边缘线形成的支撑位;

(7)前期密集成交区形成的支撑位;

(8)历史上曾经多次发挥支撑作用的历史性支撑位。

支撑位是跌势中投资者制订投资计划的重要参考依据,但是有些投资者在实际投资中往往会对支撑位产生强烈的迷信和依赖心理,结果反而得不偿失,因此需要加以鉴别克服。

有的投资者以为有支撑位,股指就跌不下去;还认为股指下方的支撑位越多重越密集,就越不可能跌下去。其实,支撑位只是表明该点位对股市的下跌将起到一定的支撑作用,并不表示股指一定不会下跌。所谓不破不立,有时指数的瞬间快速下跌,击穿重要支撑位后,反而会引发新一轮的强势反弹。

还有许多投资者认为支撑位对股市的支撑作用是属于实质性的,而不是心理上的支撑作用。而事实则恰恰相反,大多数情况下,支撑位对股市的支撑作用是属于心理层面的,实际的支撑作用则未必持续长久。

还有的投资者喜欢将股指的支撑位设定为抄底买入价,当股指跌到支撑位时就盲目地抄底,这是非常危险的,因为在股市的下跌趋势形成时,任何支撑位都不是坚不可摧的。因此，当市场趋势处于下降中时，投资者应以卖出为主，只有在市场趋势真正转强时，支撑位才是买进的最佳时机。

## 第三节　平行区间的短线操作

### 一、平行区间的短线波段操作

当价格跌到某个价位附近时，价格停止下跌，甚至有可能还会回升，这是由于多方在这个位置买入或持股者的惜售造成的。支撑线起到了阻止价格继续下跌的作用，如果投资者在实战中能够比较准确地判断出支撑线所在的位置，也就把握了一次较好的买入时机。

同样，当价格上涨到某个价位附近时，价格会停止上涨，甚至回落，这是由于空方在此抛出股票造成的。阻力线起到了阻止价格继续上升的作用。

支撑线和阻力线组成的平行区间被视为股价运行的箱体，是波段操作中重要的参考依据。其使用方法非常简单，当股价运行到阻力线附近时，可以卖出股票；而当股价运行到支撑线时可以买进股票(见图 3—12)。

短线波段操作时需要注意的要点：

(1)支撑线和阻力线运行的时间长短，时间过短的平行区间缺乏稳定性；

(2)支撑线与阻力线之间的间距是多少，如果间距过于狭小，则缺乏必要的盈利空间；

(3)注意成交量的变化，当成交量过大时，往往会突破原有的平行区间，投资者应及时改变投资策略。

例如：从 15 分钟 K 线图分析，爱使股份(600652)在 2011 年 4 月形成了平行区间，短线投资者可以在该区间内进行短线波段操作(见图 3—13)。

### 二、平行区间的突破操作

股价在压力线下方向上突破阻力线时，应买入股票，并到上一根阻力线的位置寻找卖点(见图 3—14)。

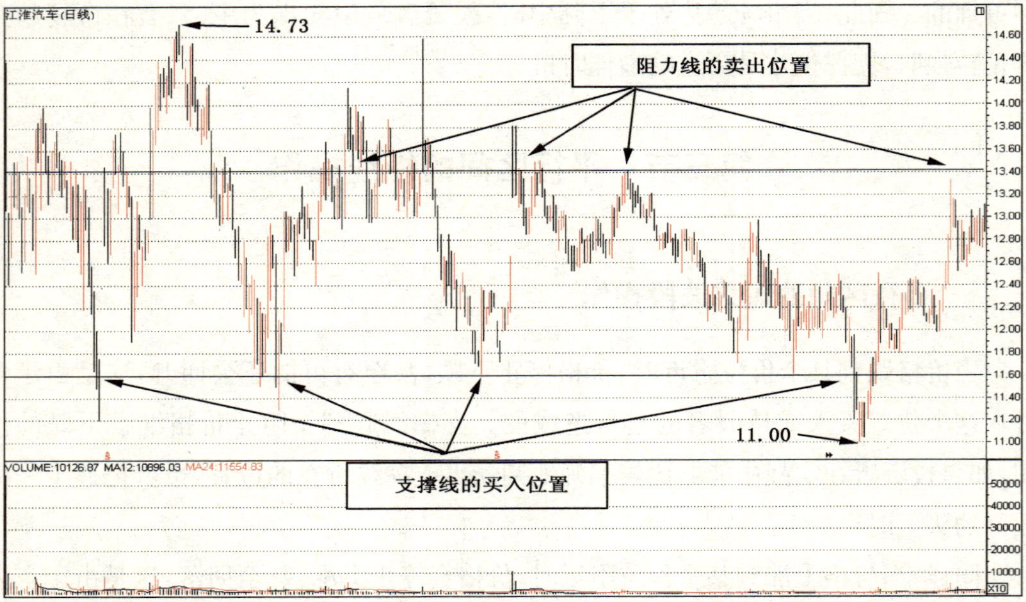
江淮汽车(日线)
14.73
阻力线的卖出位置
支撑线的买入位置
11.00
VOLUME:10126.87 MA12:10896.03 MA24:11554.83

图 3—12

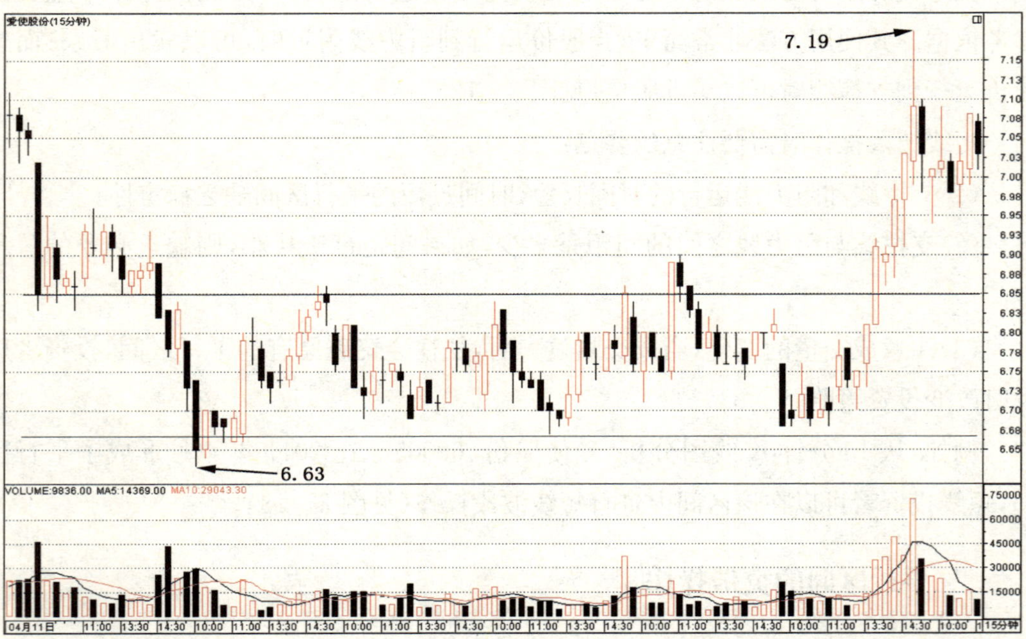
爱使股份(15分钟)
7.19
6.63
VOLUME:9836.00 MA5:14369.00 MA10:29043.30

图 3—13

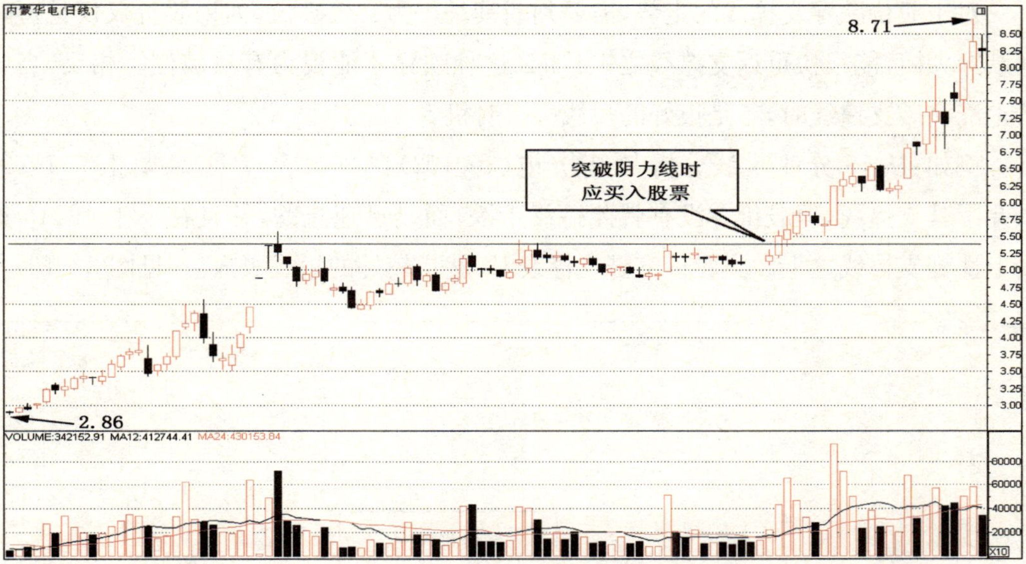


图 3—14

股价在支撑线上方向下突破支撑线时,应卖出股票,并到下一根支撑线位置寻找买点(见图 3—15)。

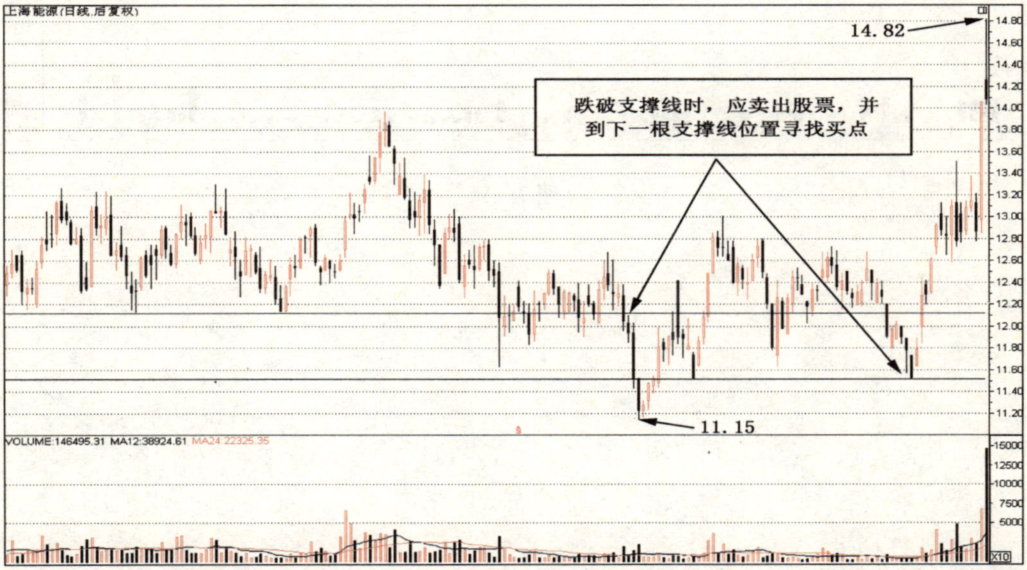


图 3—15

对于股价跌穿支撑线的走势，需要判断其是否为有效破位，如果股价仅仅是短时间跌穿，并且能很快重返支撑线之上，那么这种跌穿不能视为有效破位。相反，当股价上涨突破支撑线时，还是很好的短线买入时机。

例如：从 15 分钟 K 线分析，乾照光电（300102）在 2011 年 7 月 21 日上午 10:00 跌穿了其支撑线，但股价并没有就此持续下跌，而是迅速止跌，并且在下午 13:15 重新上涨到支撑线之上。当股价突破支撑线时，就是较好的短线买入位（见图 3—16）。

图 3—16

# 第四章　交叉线

## 第一节　交叉线的原理

交叉线也是趋势线的一种，但与通常的趋势线有明显区别。通常趋势线或轨道线其点的连接是高点连接高点、低点连接低点，而交叉线则与之不同，交叉线的画法是寻找反方向的点，即从一个低点去连接一个高点，或者从一个高点去连接一个低点，这是交叉线最特别的地方。交叉线还会产生力矩的效用，在交叉线中会出现一个支点，这个支点在图表上表现为交叉线与股价走势相互间的交叉点。

交叉线可以寻找到股价移动过程中的压力或支撑，被选择用来连接成交叉线的转折点，不一定是明显的谷底或峰顶，任意一处转折高点或低点，其连接起来的交叉线都具有一定的效果。只不过用重要的谷底或峰顶所连接起来的交叉线比一般高、低点连接成的交叉线更具有实际操作价值。

交叉线主要有两种类型：单交叉线和双交叉线。

## 第二节　单交叉线的应用

单交叉线是由一根趋势线形成的，通过与股价的交叉运行来把握行情趋势和买卖时机。

### 一、单交叉线的种类

单交叉线主要有四种，分别是上交叉线、斜上交叉线、下交叉线和斜下交叉线。

1. 上交叉线

上交叉线是指由左侧的低点和右侧的高点相连接的趋势线，该趋势线是上升的（见图 4—1）。

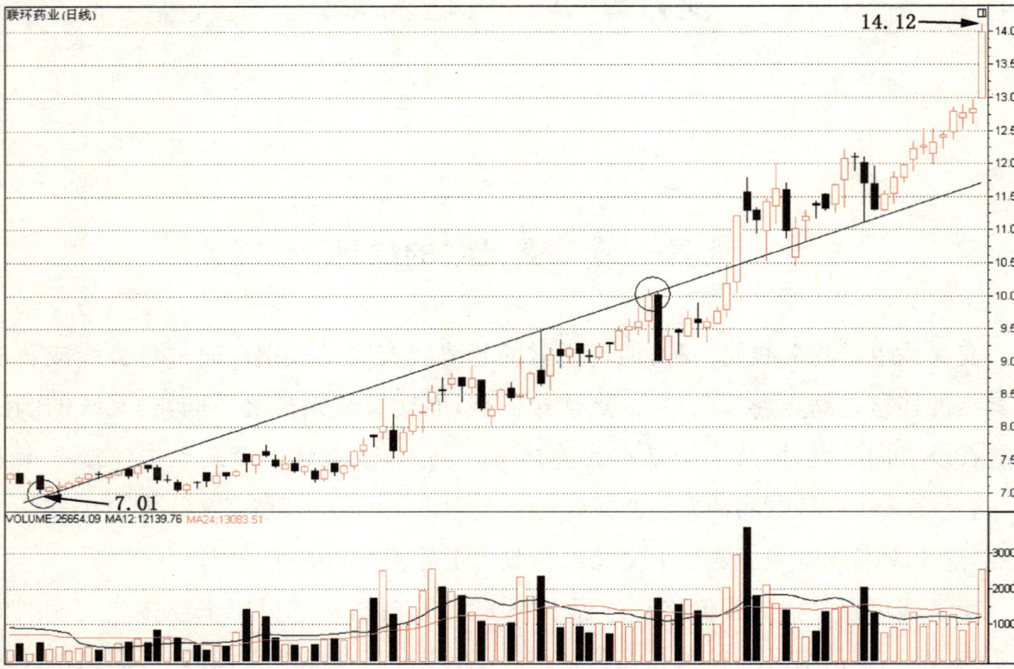


图 4—1

上交叉线的作用在于寻找股价回升或反弹时所面临的压力。

在多头市场中股价上攻碰到上交叉线时，通常会出现回调（见图 4—2）。从走势中可发现上涨行情的高点往往受制于上交叉线的反压。

在少数个股的“井喷”行情中，如果个股能够快速而有效地突破上交叉线，往往会延续一段大涨行情（见图 4—3）。

2. 斜上交叉线

斜上交叉线是指由左侧的高点和右侧的低点相连接的趋势线，该趋势线是上升的（见图 4—4）。

在多头市场中股价在回调中遇到斜上交叉线时，股价往往会出现回升（见图 4—5）。

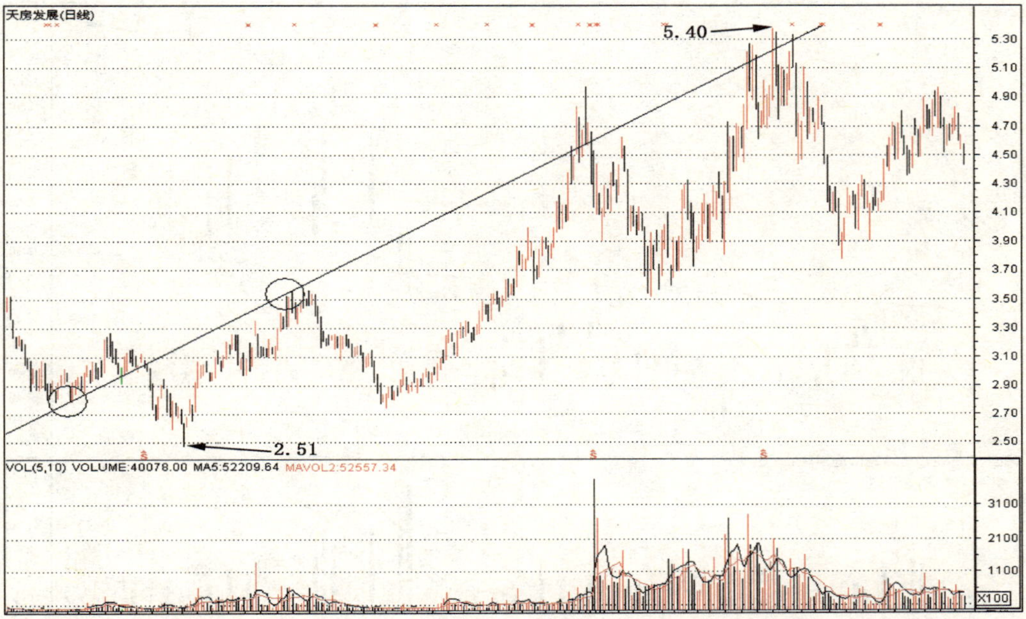
天房发展(日线)
5.40
2.51
VOL(5,10) VOLUME:40078.00 MA5:52209.64 MAVOL2:52557.34
X100

图 4—2

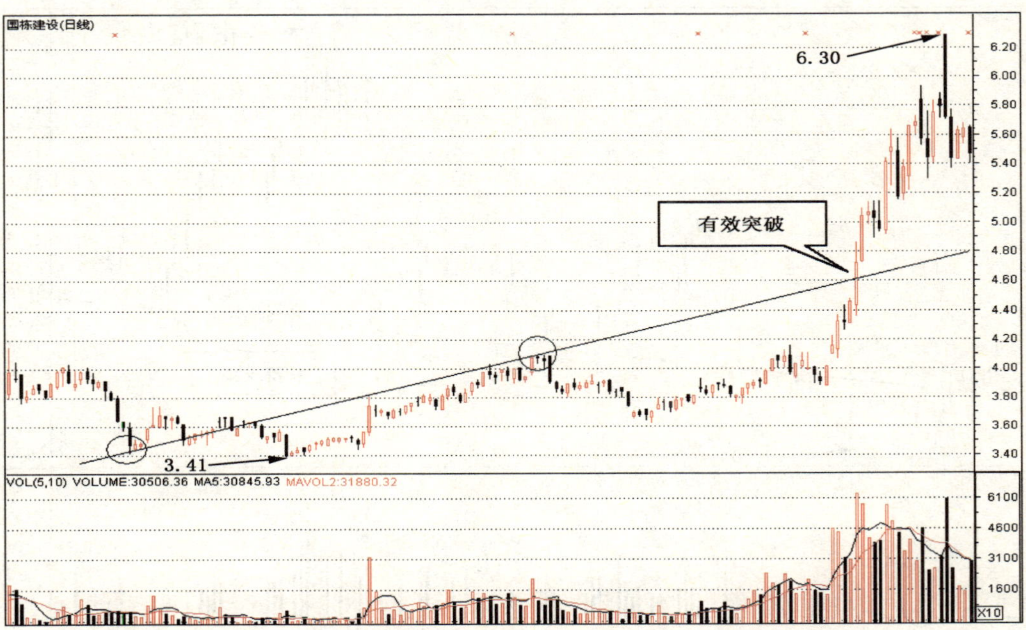
国栋建设(日线)
6.30
有效突破
3.41
VOL(5,10) VOLUME:30506.36 MA5:30845.93 MAVOL2:31880.32
X10

图 4—3

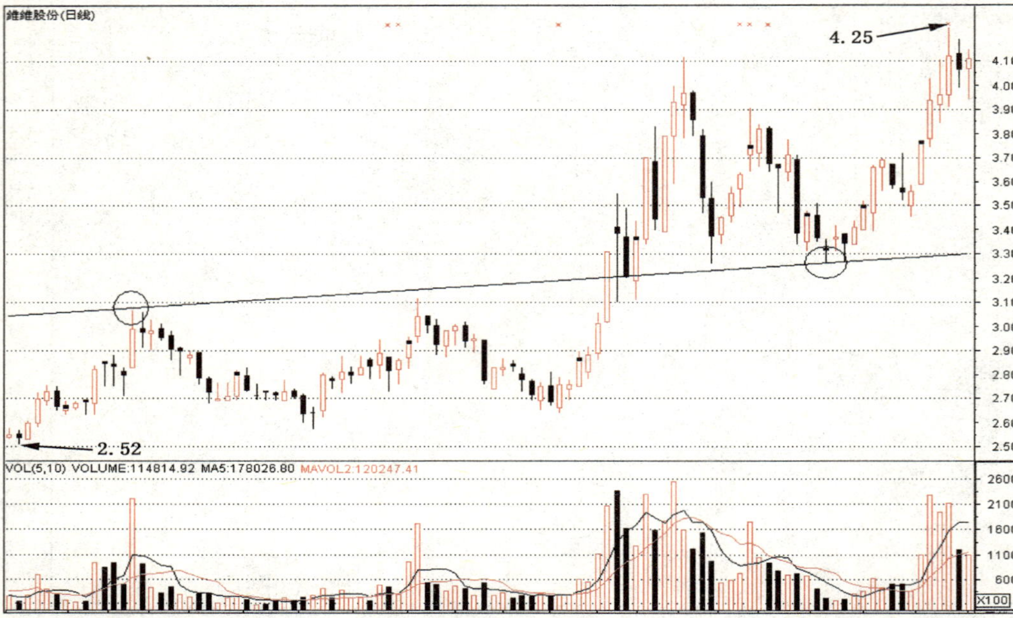
錐錐股份(日线)
4.25
2.52
VOL(5,10) VOLUME:114814.92 MA5:178026.80 MAVOL2:120247.41
X100

图 4—4

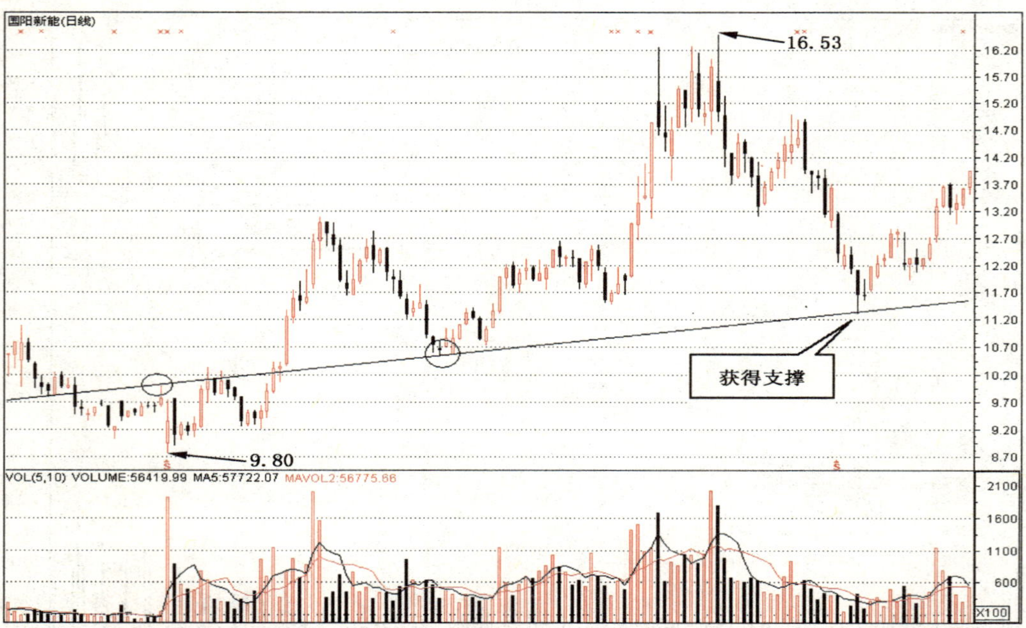
国阳新能(日线)
16.53
9.80
获得支撑
VOL(5,10) VOLUME:56419.99 MA5:57722.07 MAVOL2:56775.86
X100

图 4—5

3. 下交叉线

下交叉线是指由左侧的高点和右侧的低点相连接的趋势线，该趋势线是下降的（见图 4—6）。

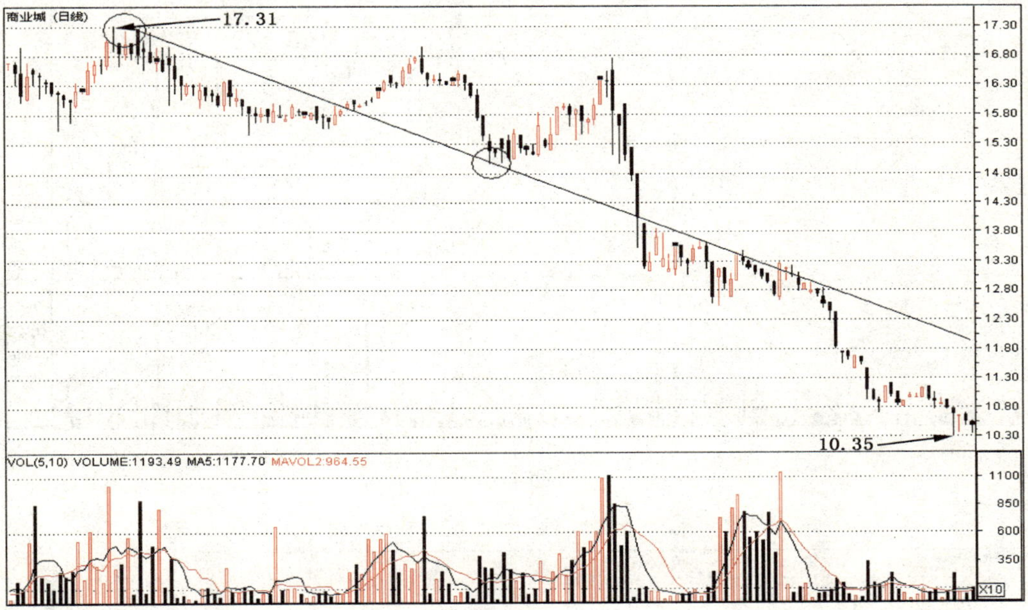


**图 4—6**

下交叉线的作用则在于寻找股价下跌或者回档时所获得的支撑。

在空头市场中，股价在调整中碰到下交叉线时，往往会出现止跌反弹，不过反弹之后仍以继续下跌为主（见图 4—7）。

4. 斜下交叉线

斜下交叉线是指由左侧的低点和右侧的高点相连接的趋势线，该趋势线是下降的（见图 4—8）。

在空头市场中股价反弹到斜下交叉线时，通常正好是股价反弹的极限或者是上攻途中的上档强压力位（见图 4—9）。

## 二、单交叉线的应用

（1）在画交叉线时，无论是低点与高点连接，还是高点与低点连接，中间至少要间

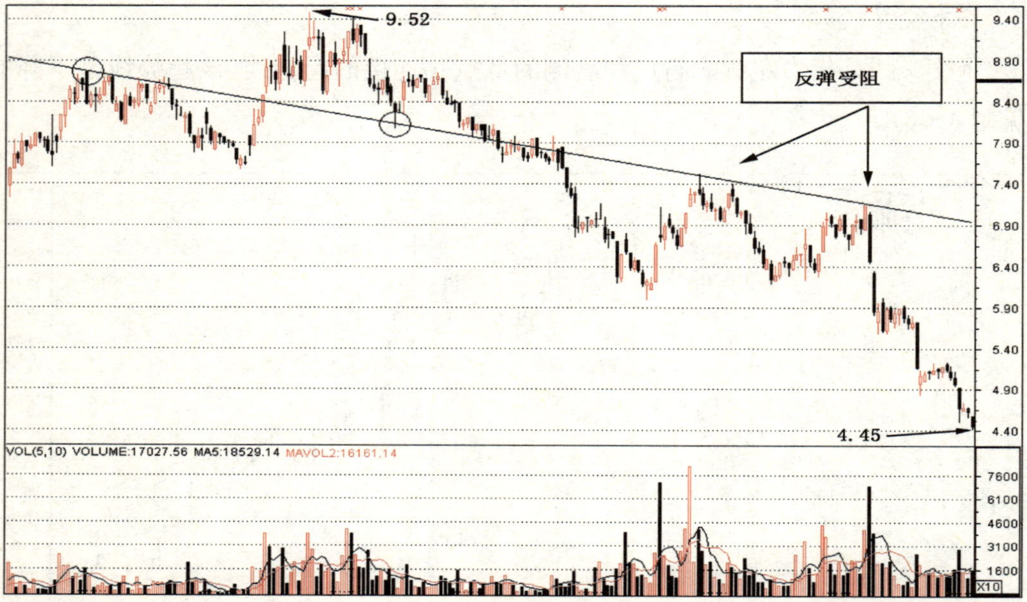
9.52
反弹受阻
4.45
VOL(5,10) VOLUME:17027.56 MA5:18529.14 MAVOL2:16161.14

图 4—7

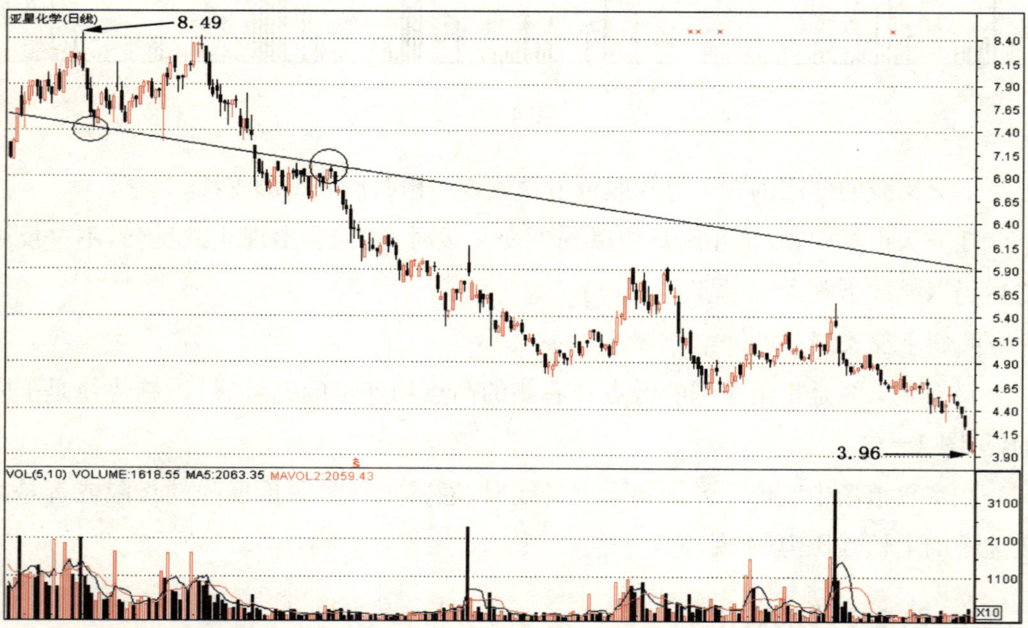
亚星化学(日线)
8.49
3.96
VOL(5,10) VOLUME:1618.55 MA5:2063.35 MAVOL2:2059.43

图 4—8

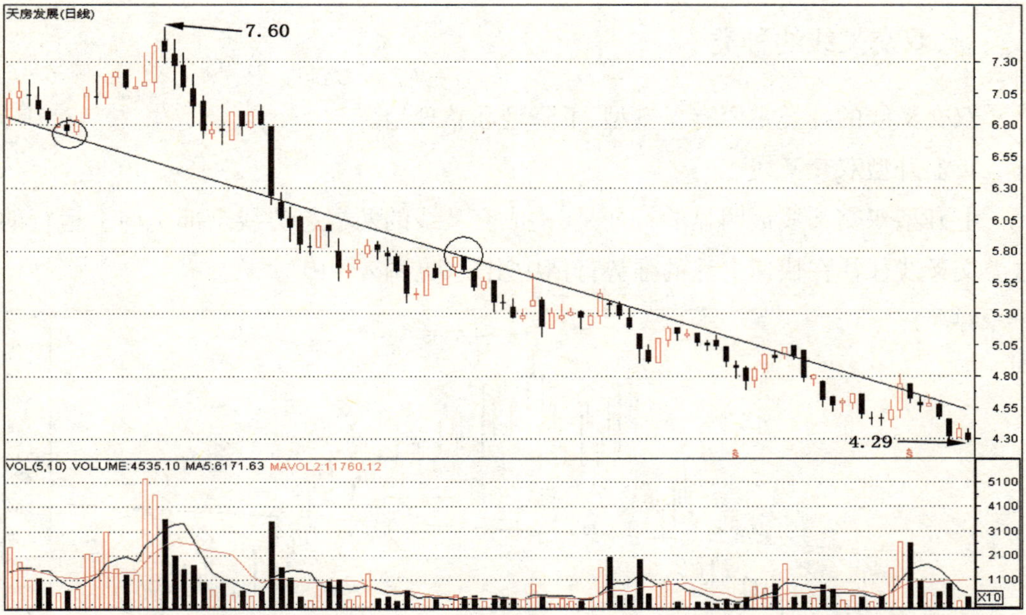


**图 4—9**

隔一个高点或低点。

(2)股价并不一定会碰触交叉线，只有当股价在碰触交叉线时才能判断它会上涨或下跌。

(3)当股价碰撞交叉线时，要根据其他技术方法进行综合研判。

(4)交叉线与股价的交叉支点部位，应该是越单纯越好，最好只与一根 K 线交叉。如果交叉线穿过一段股价的盘整区，那么该线将受制于盘整区的干扰，从而失去作用。

(5)数条交叉线向右方聚集延伸并交叉于某一点，为交叉线焦点。越多的交叉线同时交叉于一点时，它的威力越大，越能发挥其压力或支撑力道。

## 第三节　双交叉线的应用

双交叉线是由两根趋势线形成，通过交叉线与交叉线之间的运行及其和股价的交叉运行来把握行情趋势和买卖时机。

## 一、双交叉线的种类

双交叉线的种类主要有上升型、下降型和整理型。

1. 上升型双交叉线

上升型双交叉线最明显的特征是：构成交叉线的两根趋势线全部是向上运行的。这类交叉线往往在快速上涨的强势行情中出现（见图 4—10）。

图 4—10

双交叉线可以将走势划分为三个区：A、B、C；这三个区往往代表不同的含义。

如果股价运行在 A 区，说明该股或大盘走势已经进入最后的冲刺阶段，没有持股的投资者追涨需要谨慎，仍然持股的投资者需要注意把握获利了结的时机。

如果股价运行在 B 区，说明该股处于正常的强势运行阶段，投资者可以根据市场情况积极操作。

如果股价运行在 C 区，说明该股已经转为弱势，投资者需要果断止损（见图 4—11）。

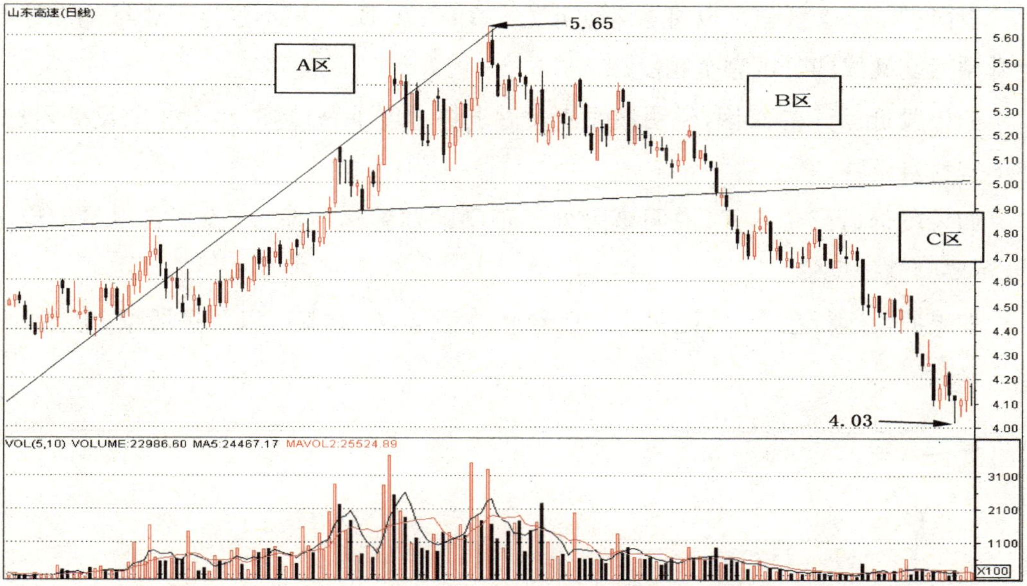


图 4—11

2. 下降型双交叉线

下降型双交叉线的最明显特征是:构成交叉线的两根趋势线全部是向下运行的。这类交叉线往往在快速下跌的弱势行情中出现(见图 4—12)。

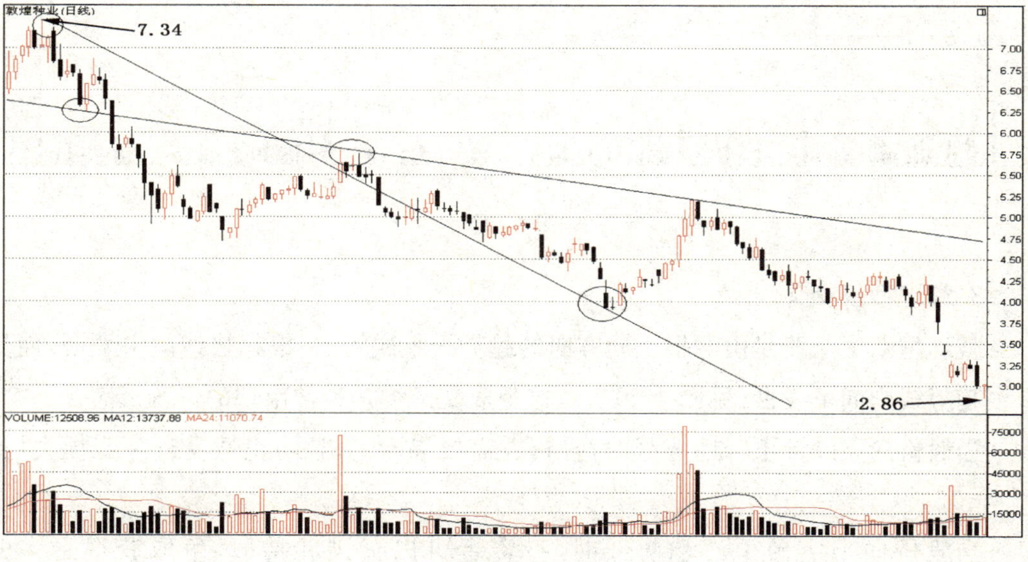


图 4—12

下降型双交叉线也可以将走势划分为三个区：A、B、C；只不过这三个区的顺序与上升型双交叉线的分区完全相反。

如果股价运行在A区，说明该股或大盘走势过度下跌，随时将会止跌反弹，投资者不宜盲目杀跌。

如果股价运行在B区，说明该股处于正常的弱势运行阶段，投资者尽量空仓等待，不要频繁抢反弹。

如果股价运行在C区，说明该股已经转为强势，投资者可以买进股票(见图4－13)。

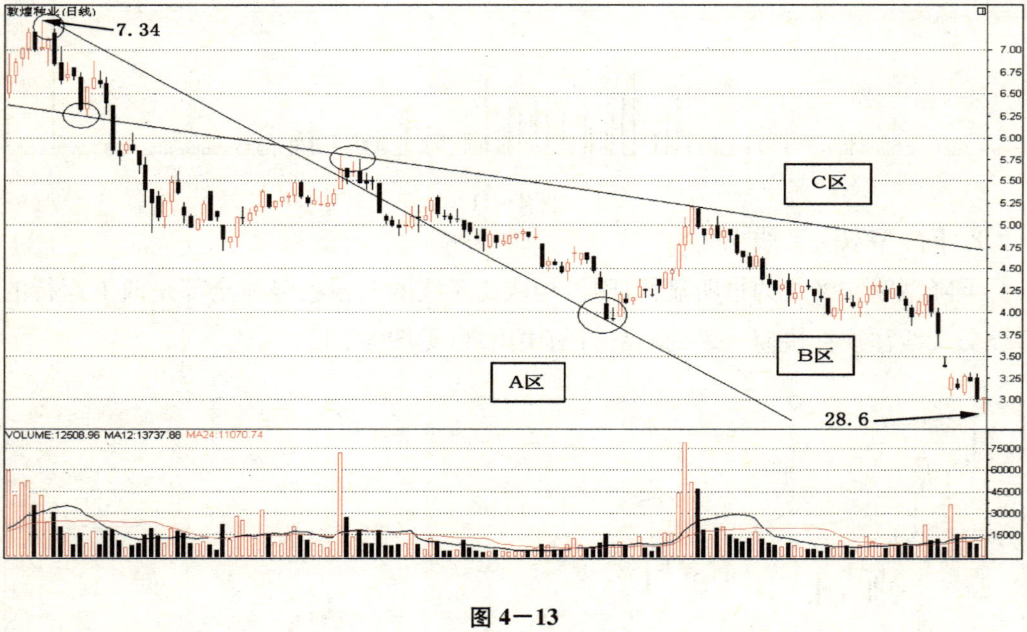


图4－13

3.整理型双交叉线

整理型双交叉线是由两根不同方向的趋势线组成的，一根趋势线向上发展，而另一根趋势线则向下发展(见图4－14)。这类双交叉线是最常出现的一种形态。

当股价向下跌穿下降趋势线时，投资者需要果断卖出，防止遭受进一步损失(见图4－15)。

当股价向上突破上涨趋势线时，投资者可以买进和持股，争取获得更多的

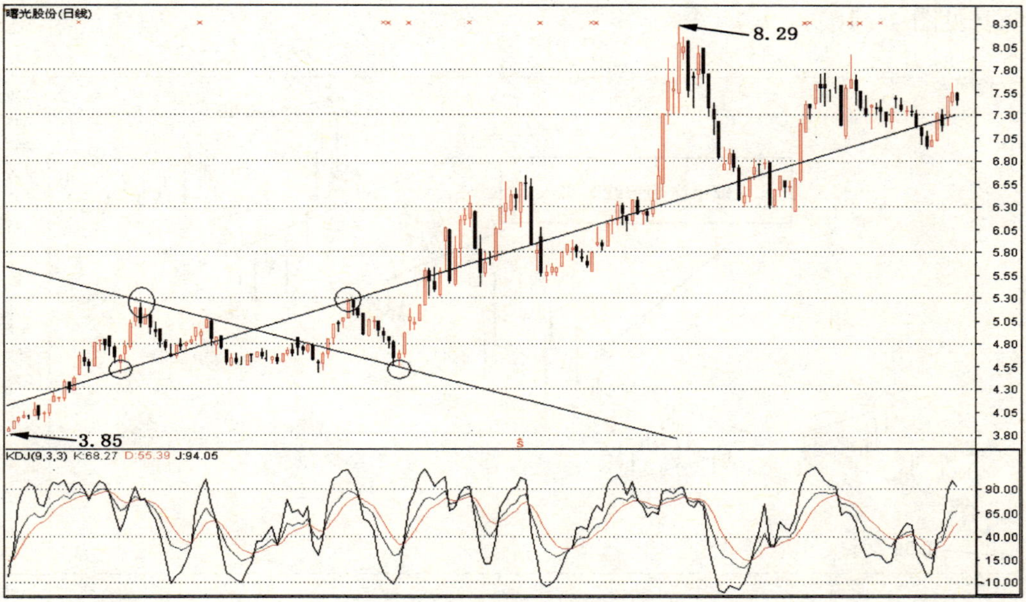
曙光股份(日线)
8.29
3.85
KDJ(9,3,3) K:68.27 D:55.39 J:94.05

图 4—14

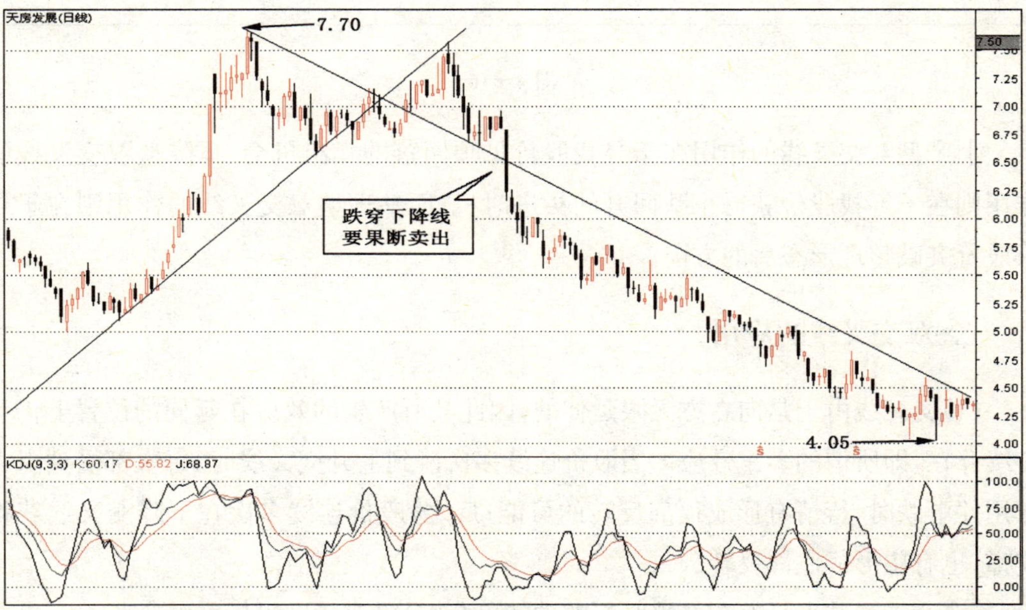
天房发展(日线)
7.70
跌穿下降线
要果断卖出
4.05
KDJ(9,3,3) K:60.17 D:55.82 J:68.87

图 4—15

利润(见图 4—16)。

图 4—16

上升型双交叉线的作用在于寻找股价见顶回落的卖出机会，下降型双交叉线的作用则在于寻找股价获得止跌回升的买进时机；而整理型双交叉线的作用则在于寻找股价突破整理形态后的方向。

## 二、双交叉线的应用

(1)交叉线由于是向右方无限延伸的，因此其所产生的效应在延伸的位置上仍然持续存在，即所谓的多重效应。当股价连续多次碰到上升交叉线时，每次都受到阻力作用并下跌时，行情有形成顶部反转的可能；反之，股价连续多次在下降交叉线获得支撑，也有望形成底部反转。

(2)交叉线并不具有测量涨跌幅的功能，也就是没有量度目标可供参考。

# 第五章　通道线

## 第一节　通道线的理论基础

通道线是股市中一种常用而又行之有效的切线理论分析方法。通道线又称轨道线或管道线，是基于趋势线基础上建立的一种支撑压力线；在已经得到了趋势线后，通过第一个峰和谷可以作出这条趋势线的平行线，这条平行线就是通道线。

两条平行线组成一个通道，这就是常说的上升和下降通道。通道的作用是限制价格的变动范围，让它不能远离得过分而变得太离谱。某个通道一旦得到确认，那么价格将在这个通道里波动一段时间。如果对上面的或下面的通道线突破，就意味着将有一个较大的价格变化，从而产生突破性行情，并改变行情的发展趋势。

与突破趋势线相同，对通道线的突破不仅仅是趋势反向的开始，有时也是原来趋势加速的开始，即原来的趋势线的斜率将会增加，趋势线的方向将会更加陡峭。

通道线和趋势线是相互合作的一对，有着相互依存、相互修正的关系，而突破方式及是否放量则对行情的后市运行影响较大。很显然，先有趋势线，后有通道线。趋势线比通道线重要得多。趋势线可以独立存在，而通道线则不能。

通道线通常会提供趋势研判和买卖良机。与趋势线一样，通道线也有是否被确认的问题。价格如果得到支撑或受到压力而在通道线处掉头，并一直走回到趋势线上，那么这条通道线就可以被认可了。当然，通道线被触及的次数越多，延续的时间越长，其被认可的程度及其重要性就越高，这一点与趋势线以及大多数直线分析原理是相同的。

通道线的另一个作用是提出趋势转向的预警。如果在一次波动中未触及通道线，离得很远就开始掉头，这往往是趋势将要改变的信号，表明市场已经没有力量继续维护原有的上升或下降的趋势了。

通道线从运行方向上可分为上升通道、下降通道和水平通道（见图5—1～图5—3）。

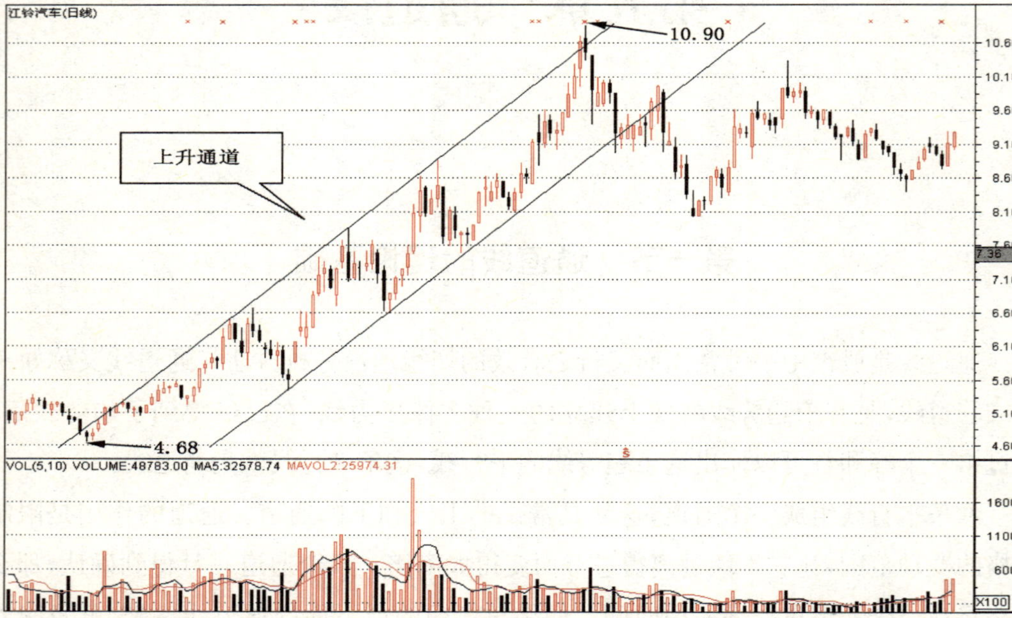


图5—1

仅就方向而言，股价永远不可能脱离上升、下降和横盘这三种运行方式，尽管在时间或级别方面存在较大差别，但有的时候股价和指数会以一种比较有规律的方式运行，表现在走势图上就是以通道方式运行，即股价基本被限制在两条平行线内运行。

在上升通道中，下轨是上升趋势线，上轨则称为通道压力线。在下降通道中，上轨是下降趋势线或压力线，作为通道线的下轨通常具有一定支撑，是通道支撑线。而无趋势的通道则被两条水平的趋势线所限定。

通道线从运行规模上分为大型通道、中型通道和小型通道。由于通道的大小不同，常常会形成在一种运行幅度较大的通道中包含着若干小型通道的市场现象（见图5—4）。

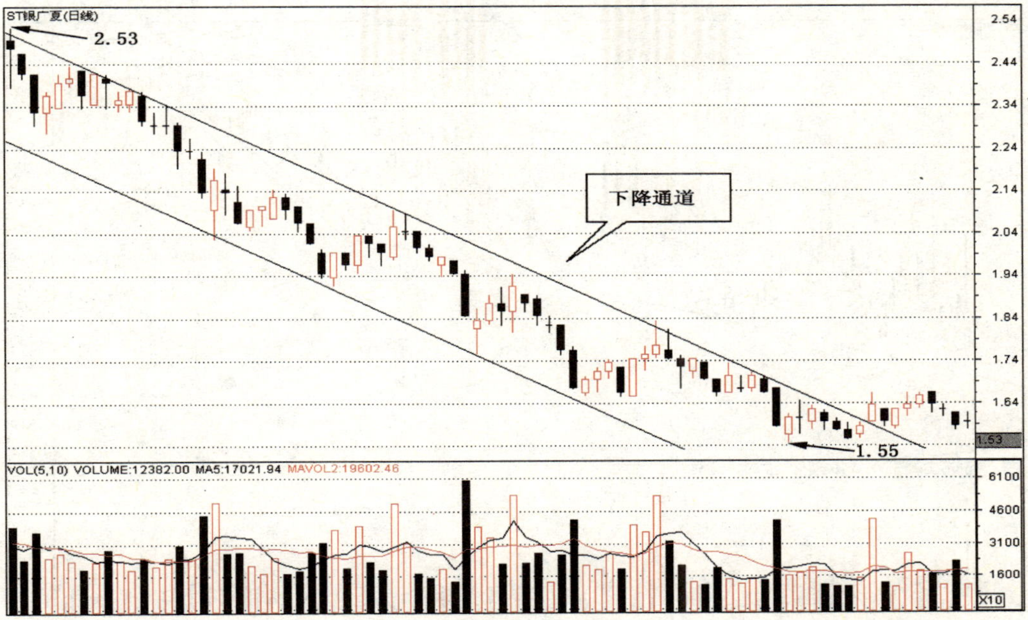
ST银广夏(日线)
2.53
下降通道
1.55
VOL(5,10) VOLUME:12382.00 MA5:17021.94 MAVOL2:19602.46

图 5—2

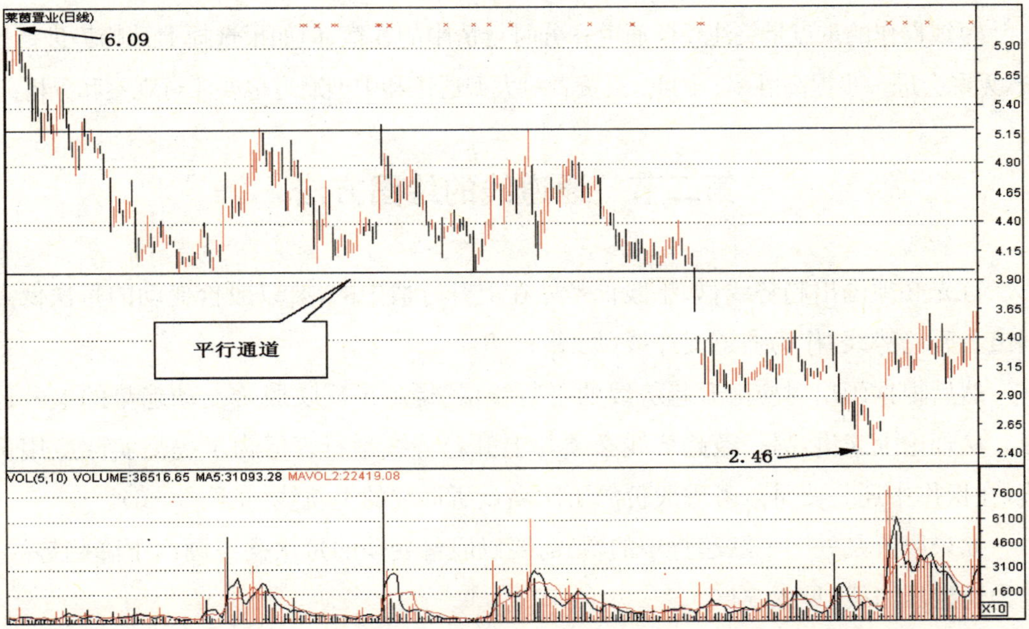
莱茵置业(日线)
6.09
平行通道
2.46
VOL(5,10) VOLUME:36516.65 MA5:31093.28 MAVOL2:22419.08

图 5—3

图 5—4

短线操作的重点是关注短期通道和分时行情中的通道，但如果选择上升趋势进行投资，无疑会进一步提高胜率。因此，投资者对大型通道和中型通道也要注意观察和分析。

## 第二节　通道线的绘图方法

首先必须画出趋势线，如果股价是处在上升行情中的，要以股价变动的每次低点画出上升趋势线，作为通道支撑线(见图 5—5)。

然后根据画出对应上升趋势线的平行线，就得到了反映股价变动趋势的上升通道。从理论上来讲，另一条趋势线必须与上升趋势线平行。但为了提高实际应用价值，在操作中还是要重点考虑股价的历次高点所形成的上轨线(见图 5—6)。

如果股价是处于下跌趋势中的，则需要以股价变动的每次高点画出下降趋势线，作为通道压力线(见图 5—7)。

然后根据画出对应下降趋势线的平行线，就得到了反映股价变动趋势的下降通道(见图 5—8)。

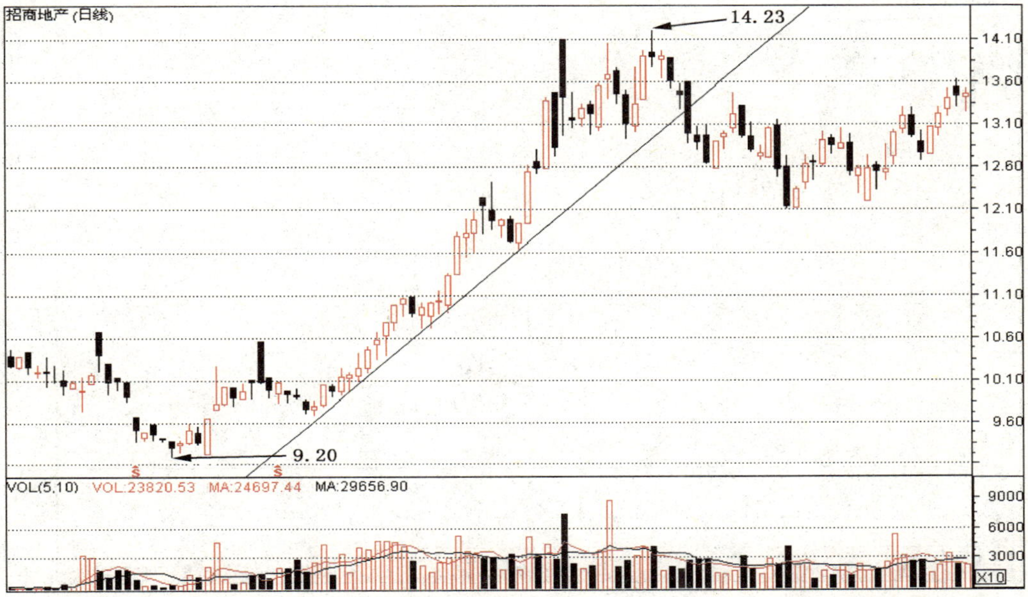
招商地产 (日线)
14.23
9.20
14.10
13.60
13.10
12.60
12.10
11.60
11.10
10.60
10.10
9.60
VOL(5,10) VOL:23820.53 MA:24697.44 MA:29656.90
9000
6000
3000
X10

图 5—5

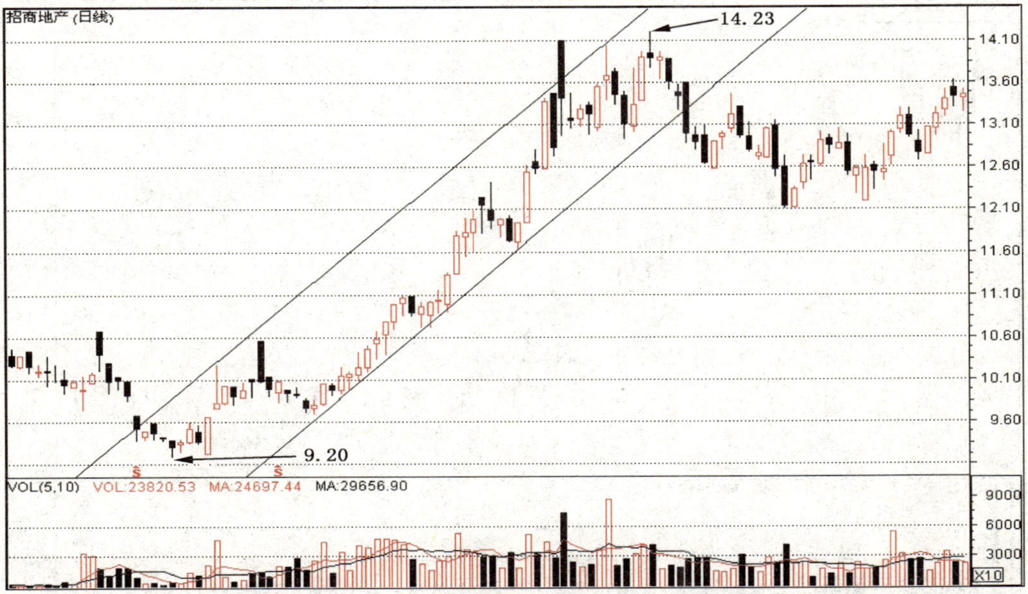
招商地产 (日线)
14.23
9.20
14.10
13.60
13.10
12.60
12.10
11.60
11.10
10.60
10.10
9.60
VOL(5,10) VOL:23820.53 MA:24697.44 MA:29656.90
9000
6000
3000
X10

图 5—6

特力A (日线)
7.54
3.15
7.10
6.60
6.10
5.60
5.10
4.60
4.10
3.60
VOL(5,10) VOL:719.00 MA:1448.86 MA:2418.54
3000
2000
1000

图 5—7

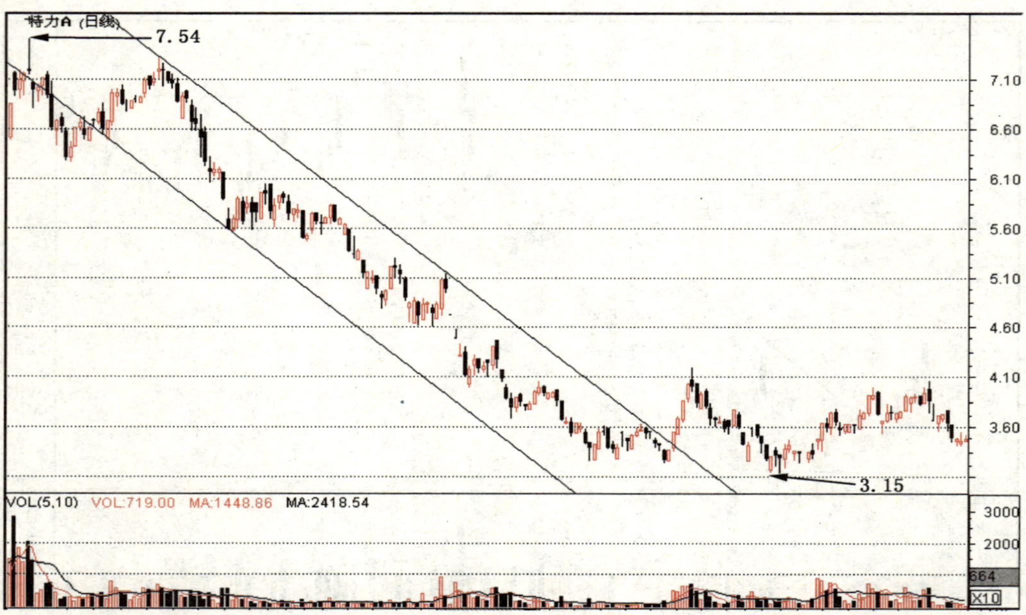
特力A (日线)
7.54
3.15
7.10
6.60
6.10
5.60
5.10
4.60
4.10
3.60
VOL(5,10) VOL:719.00 MA:1448.86 MA:2418.54
3000
2000

图 5—8

此外，还有一种画出通道线的方法，即先画出中轨线，然后再画出通道的压力线和支撑线。选择股票分析软件中的画图工具栏，从中选择“价格通道线”（见图5—9）。

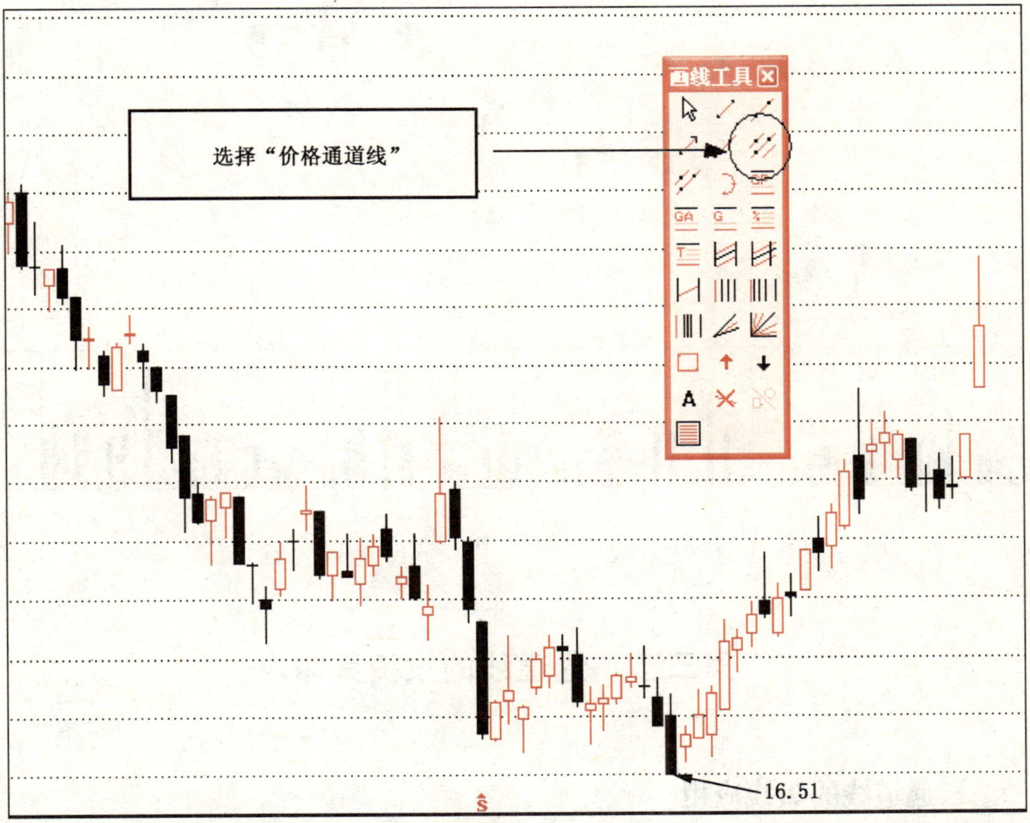


图 5—9

当个股形成明显的上升趋势或下降趋势时，在股价运行的密集区域画出中轨线，然后移动鼠标至股价运行的通道边缘，软件将自动生成两条与中轨线平行的趋势线，再点击鼠标就可以画出由三条线组成的价格通道线（见图 5—10）。

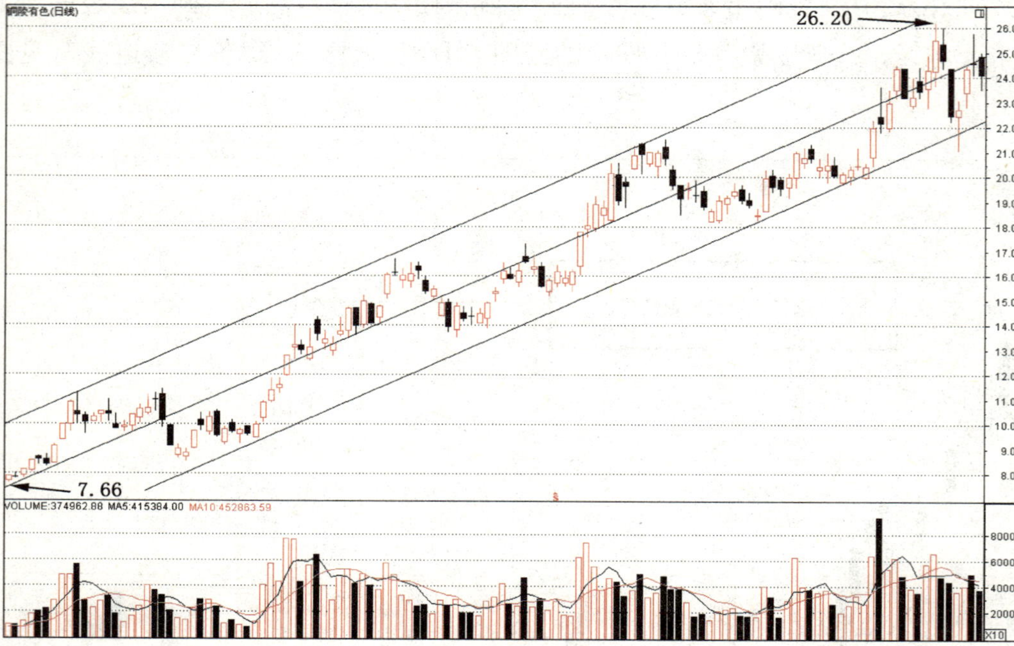


图 5—10

## 第三节　通道线的投资策略

### 一、通道线的短线应用

(1)当通道处于水平或上升状态时，是适宜投资者进行短线操作的时机。

(2)当股价每次接近通道的下轨线时，投资者可以实施短线买入。

(3)当股价重新上涨到上轨线时，投资者可以实施短线卖出。

例如：中航精机(002013)形成了标准的上升趋势通道，依据通道投资原则，投资者可以很容易地识别出短线买卖位置(见图 5—11)。

值得注意的是，这种通道是一种非常标准的形态，投资者几乎可以不用画图，仅凭肉眼即可识别，并且确定波段操作中的大致买卖价位。但是，股市中却存在着部分不标准的通道，而且在一个相对较长的趋势中，股价的通道很难保持长久的标准形

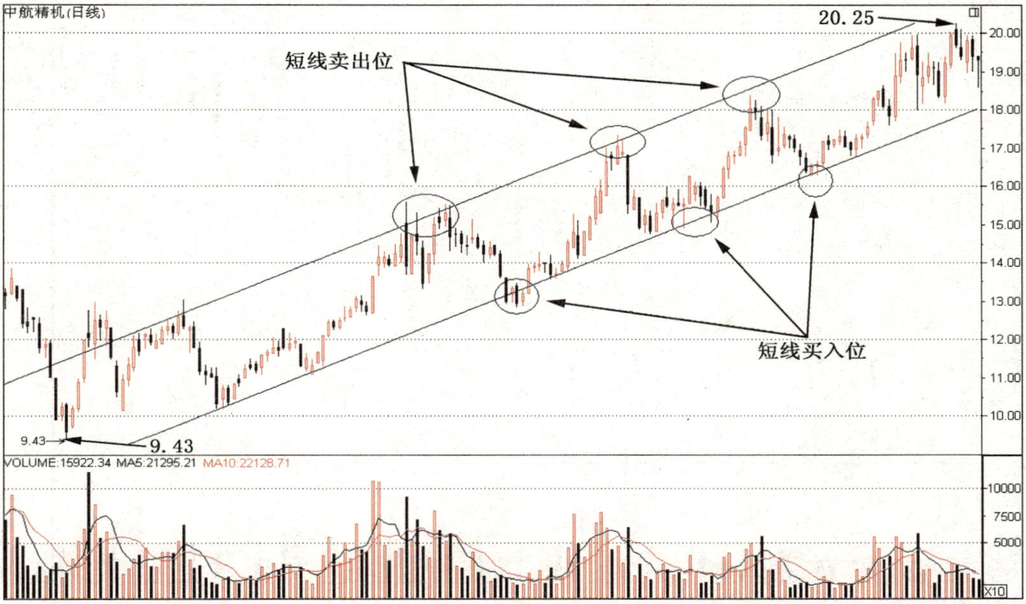


图 5－11

态，通道会逐渐改变方向或者位置。其中，最常见的通道改变方式有两种，即通道的平移和通道的转向，这时候需要借助画图才能更加准确地把握买卖时机。

不是所有的通道被突破以后都能形成反转，有时候股价仍然能保持持续上升或持续下降的形态，这时就会产生通道的平移现象。

例如：锦州港(600190)先是形成了第一条上升趋势通道。当股价跌穿第一条上升通道线后并没有出现持续下跌行情，而是改变了原有的趋势通道，使得该股步入新的上升通道中，原来的上轨线作用完全消失，原来的下轨线成为新趋势通道的上轨线。这时该股在新通道中运行，投资者短线操作的买卖位置也要相应做出改变(见图 5－12)。

通道的平移产生了两条通道，这两条通道之间有时会相隔一段时间，投资者不要被通道的短暂突破所迷惑。实际上，短暂突破仅仅是一种假突破，通道的平移说明个股的趋势并没有改变(见图 5－13)。

通道线也常常会出现一定程度的变化，这时需要及时修正通道线，才更加有利于分析和研判(见图 5－14)。

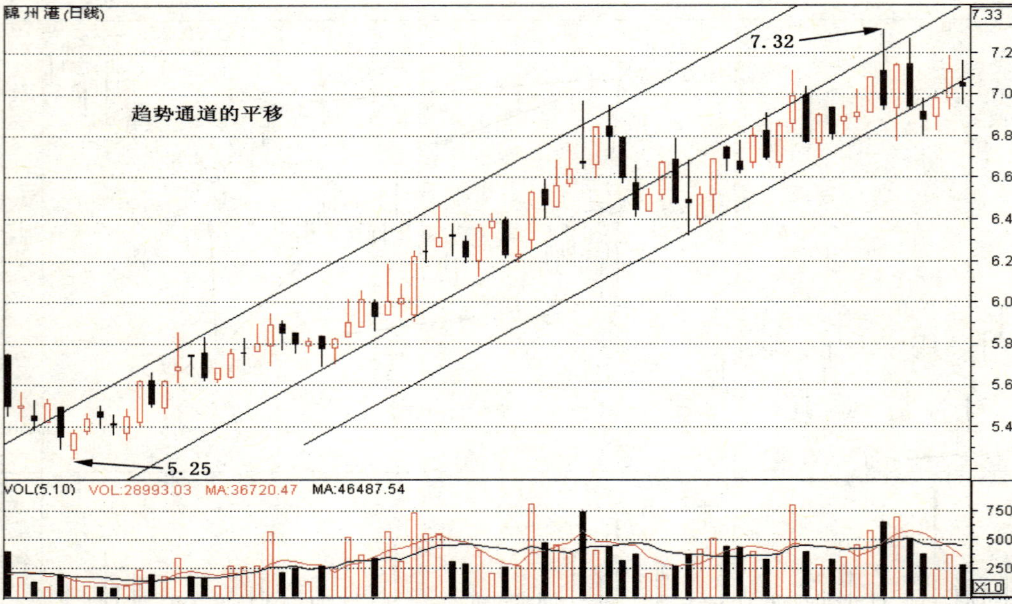

錦州港(日线)
7.32
趋势通道的平移
5.25
VOL(5,10) VOL:28993.03 MA:36720.47 MA:46487.54


图 5—12

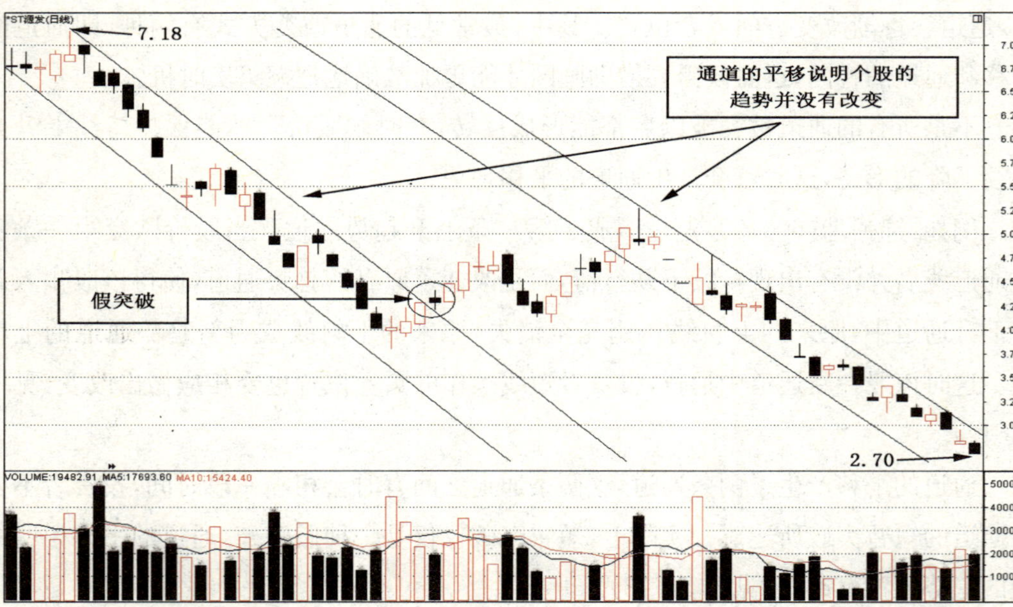

7.18
通道的平移说明个股的
趋势并没有改变
假突破
2.70


图 5—13

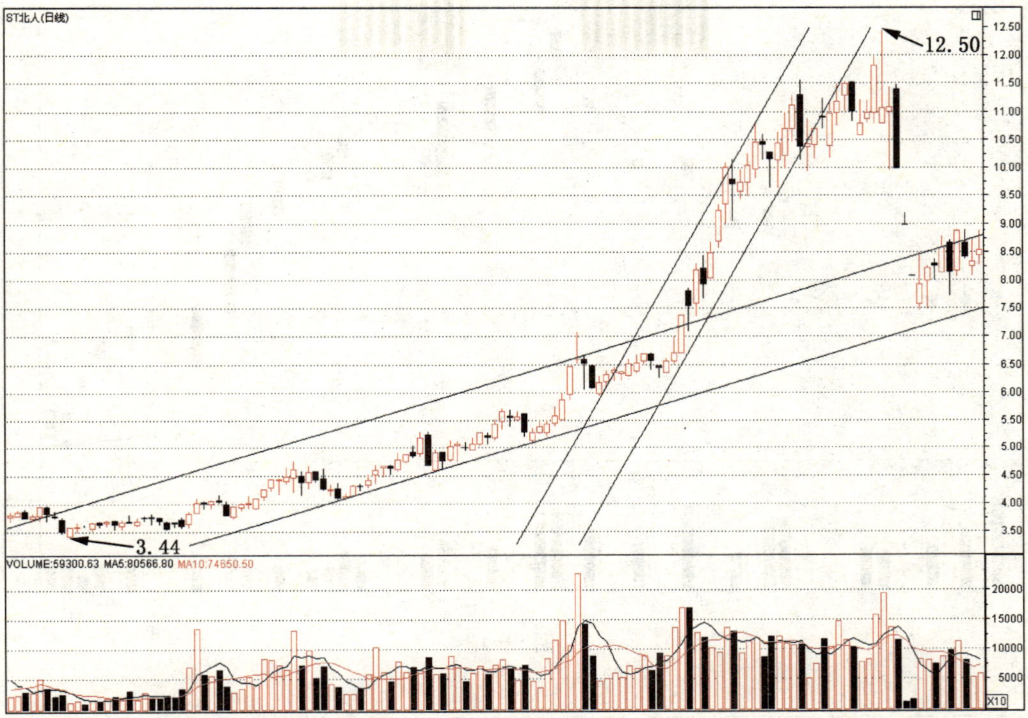


图 5—14

## 二、通道线对顶底的判断

通道线对股价的底部和顶部有明确的揭示作用，当股票形成明确的趋势后，往往会形成上升通道或下跌通道，而当个股结束原有的上升或下降趋势时，首当其冲的是必须突破通道线。因此，当上升通道被向下突破时，往往会形成顶部(见图 5—15)。

当个股的下降通道被向上突破时，极易形成底部。这时候往往是投资者短线买入的重要时机(见图 5—16)。

通道线不仅可以应用于对日 K 线的分析，而且也可以应用于分时 K 线中。例如：从 15 分钟 K 线分析，ST 科龙(000921)在 2011 年 6 月形成上升通道，但在 7 月股价涨势逐渐减缓，7 月 7 日上午 10:00，该股有效跌穿上升通道，形成短线卖出位(见图 5—17)。

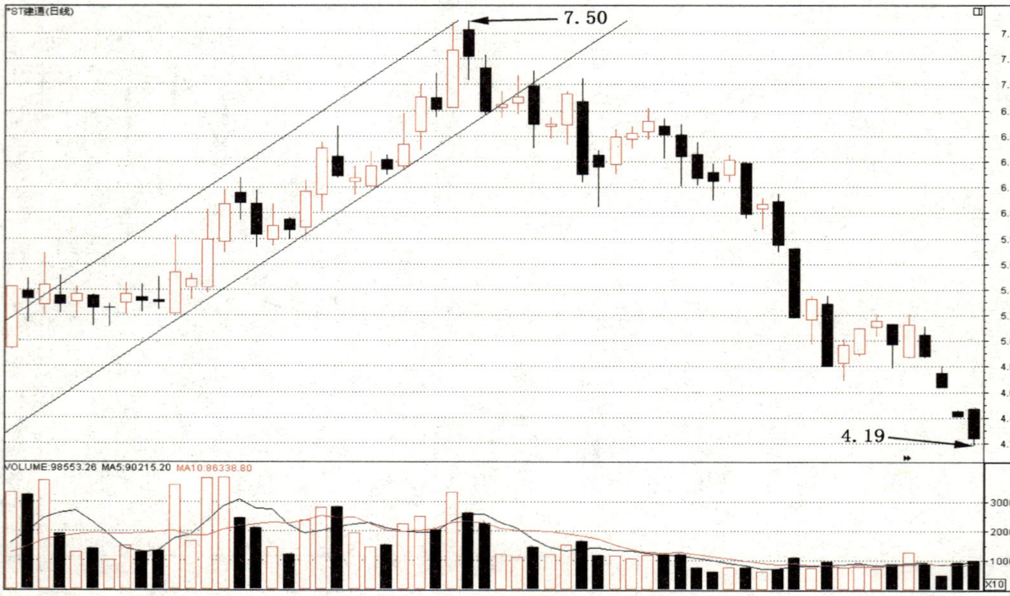
*ST建通(日线)
7.50
4.19
VOLUME:98553.26 MA5:90215.20 MA10:86338.80

图 5—15

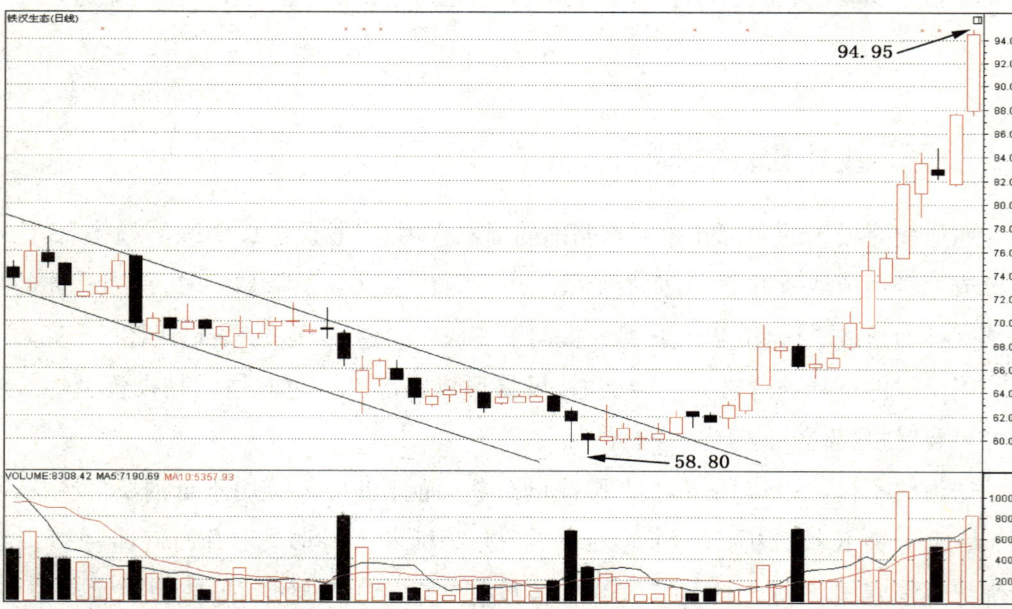
铁汉生态(日线)
94.95
58.80
VOLUME:8308.42 MA5:7190.69 MA10:5357.93

图 5—16

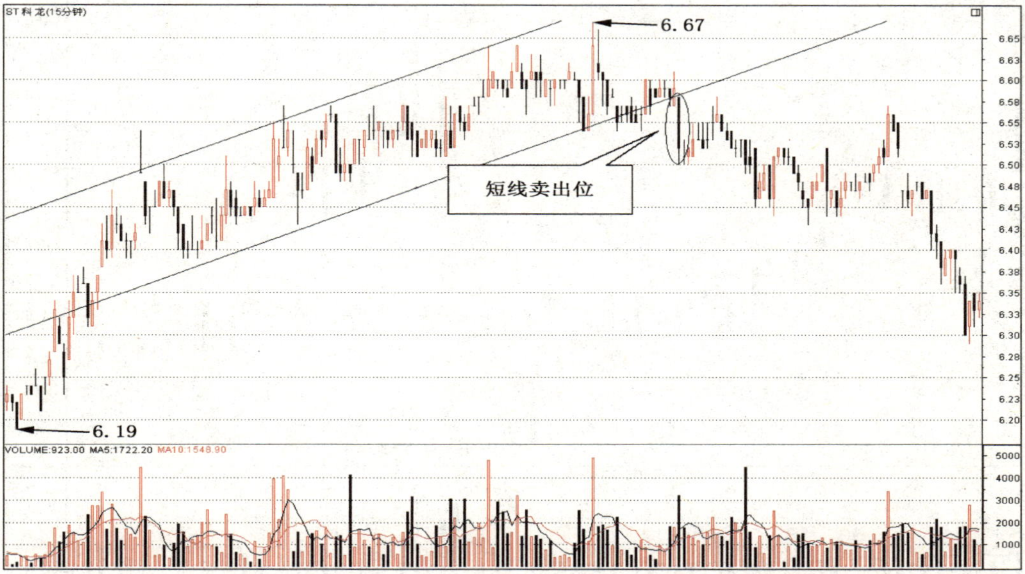


图 5－17

## 第四节　通道线的角度与宽度

### 一、通道角度

一般来说，较可靠的趋势通道有一定的角度范围。上升通道的角度一般在 45°～60°之间，但有时较为陡峭；下降通道则在 30°～45°之间。

过于陡峭的通道，往往难以保持长久，因为过于陡峭的上升通道将极大地消耗市场做多能量，行情将很快转入调整（见图 5－18）。

另一方面，过于平缓的通道也容易出现变化。相对而言，上升通道运行斜率越是接近 45°角，则越能保持长久强劲的运行趋势（见图 5－19）。

相邻的小型通道角度多会相仿，一旦出现较大偏差，很可能会预示趋势即将有所改变。如果大型上升通道中较小的上升通道的角度呈现逐渐减缓的态势，则意味着该股已经涨升乏力（见图 5－20）。

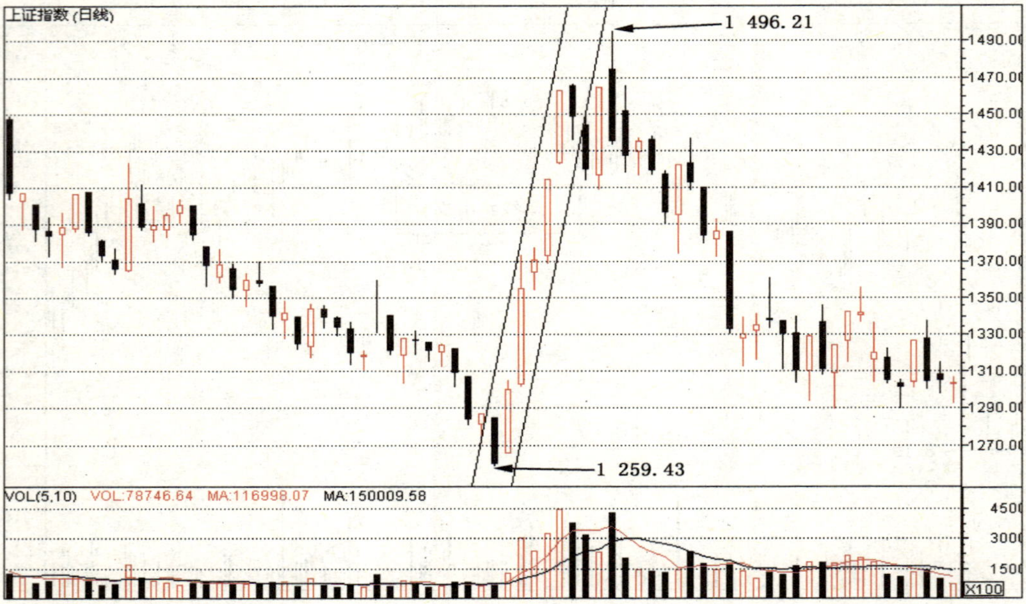
上证指数(日线)
1 496.21
1 259.43
VOL(5,10) VOL:78746.64 MA:116998.07 MA:150009.58

图 5—18

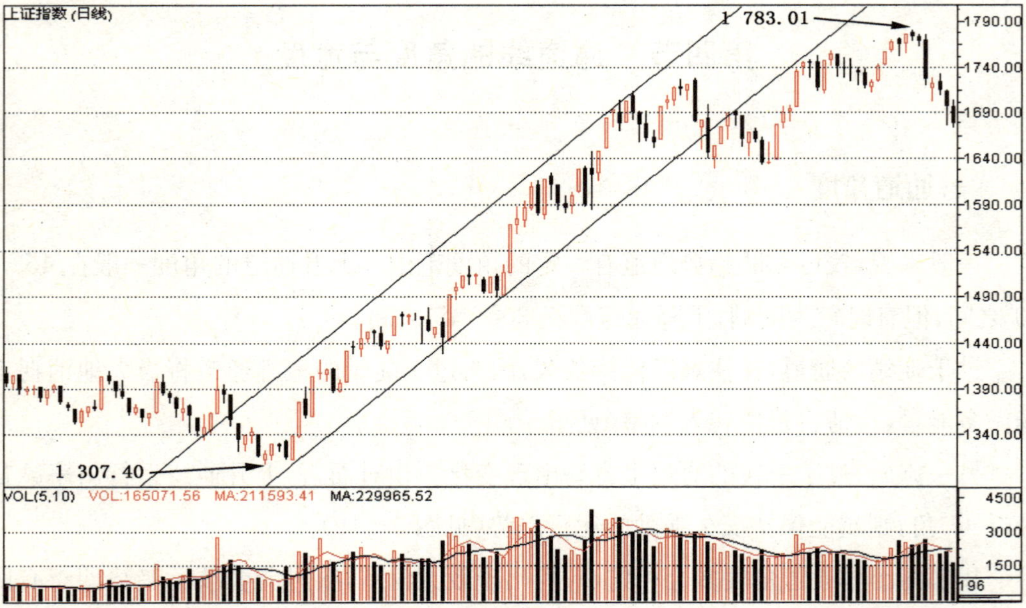
上证指数(日线)
1 783.01
1 307.40
VOL(5,10) VOL:165071.56 MA:211593.41 MA:229965.52

图 5—19

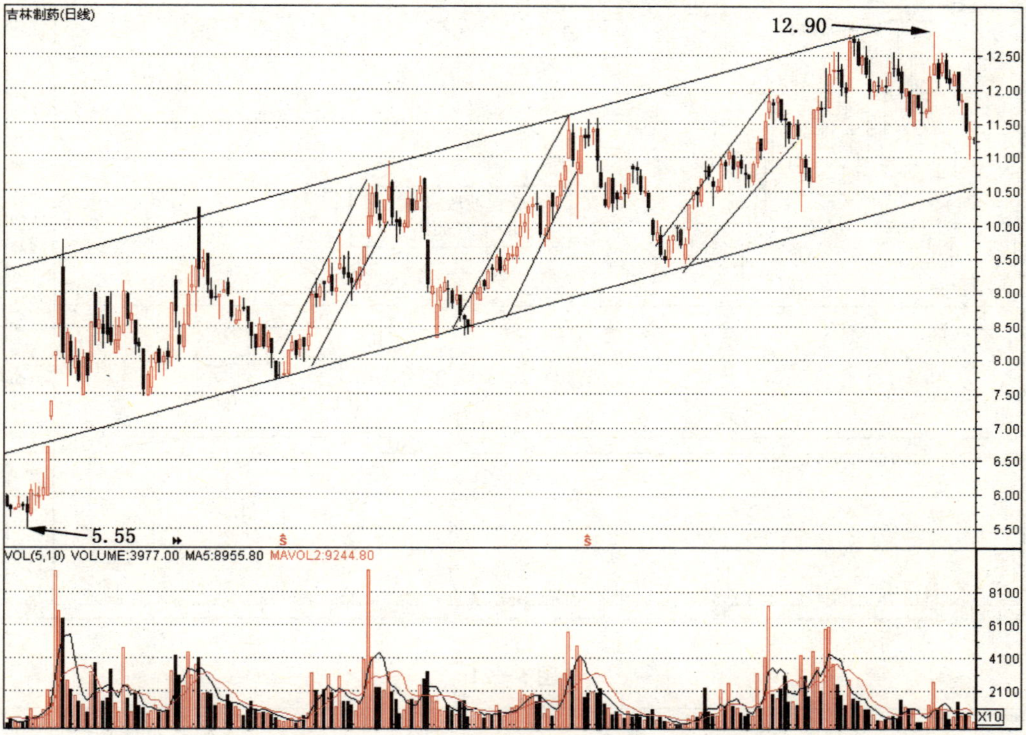


图 5—20

## 二、通道宽度

通道宽度决定了投资者短线操作的盈利空间，也决定了短线操作方式的变化。

1.平行通道宽度

在平行通道中，如果通道宽度足以做出差价，则可以短线波段操作(见图 5—21)。

如果通道宽度不足，投资者需要等到方向明确后再采取相应的行动(见图 5—22)。

2.上升通道宽度

在上升通道中，通道宽度大的时候，投资者可以在保持半仓的情况下不断高卖低买，通过滚动操作来积累利润(见图 5—23)。

如果上升通道宽度较窄，投资者应持股不动，直到通道方向改变为止(见图 5—24)。

莱茵置业(日线)
7.88
适宜波段操作
的平行通道
4.01
4.01
VOL(5,10) VOLUME:8207.45 MA5:6279.14 MAVOL2:10773.50

图 5—21

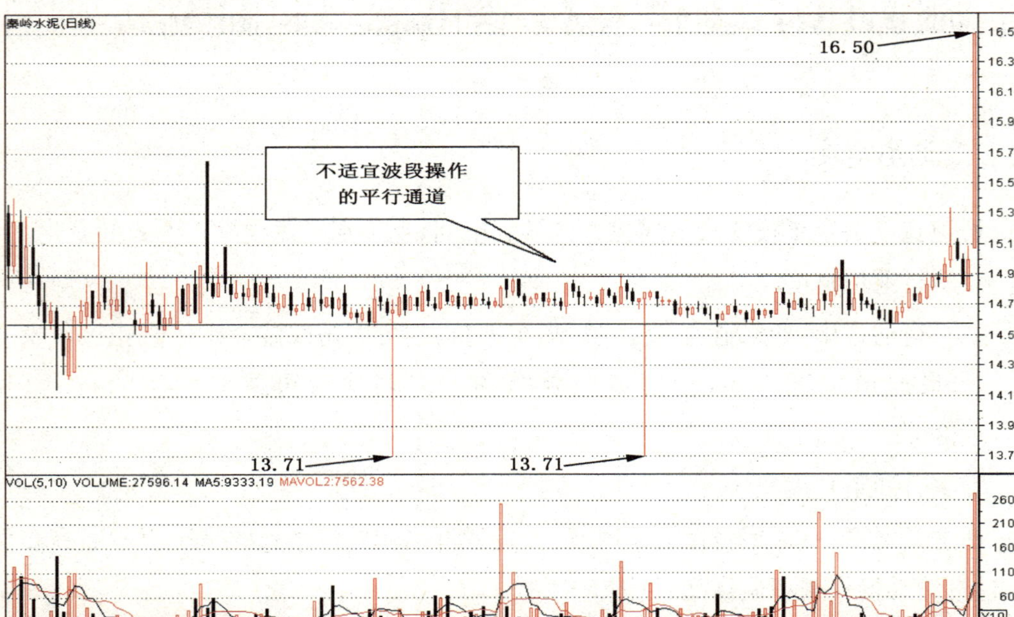
秦岭水泥(日线)
16.50
不适宜波段操作
的平行通道
13.71
13.71
VOL(5,10) VOLUME:27596.14 MA5:9333.19 MAVOL2:7562.38

图 5—22

吉林制药(日线)
12.90
5.55
VOL(5,10) VOLUME:16190.00 MA5:10484.40 MAVOL2:11408.30

图 5—23

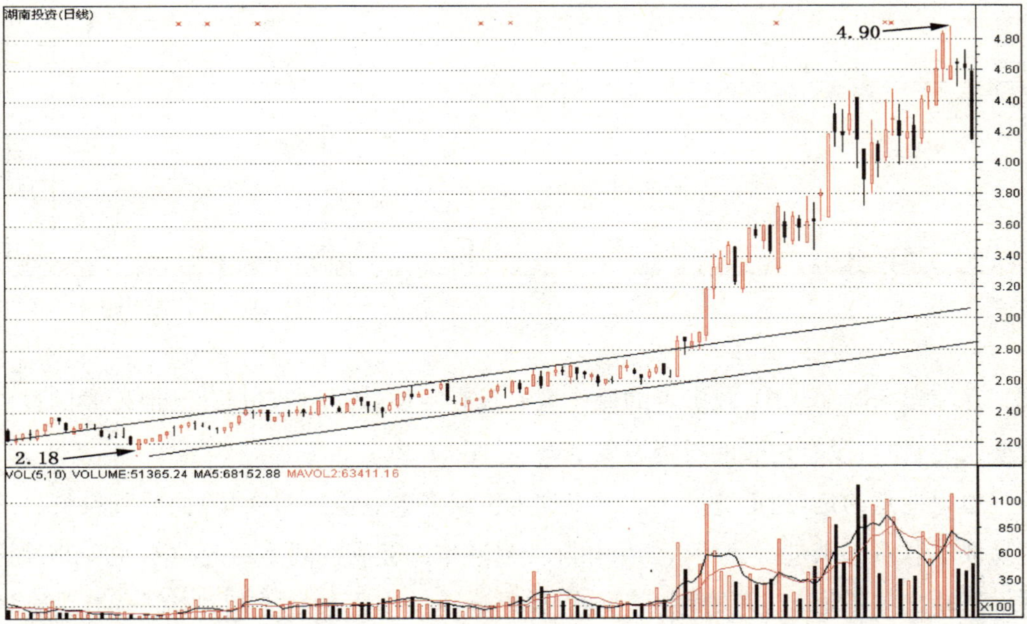
湖南投资(日线)
4.90
2.18
VOL(5,10) VOLUME:51365.24 MA5:68152.88 MAVOL2:63411.16

图 5—24

3. 下降通道宽度

在宽幅下降通道中，当股价运行到通道上轨处时，要乘反弹机会卖出。而当股价运行到通道下轨处时，投资者尽量不要买进抢反弹。这种市场情况仅适宜少数的短线操盘高手参与，并且是在控制仓位的情况下适当参与(见图 5—25)。

图 5—25

在窄幅下降通道中，投资者的操作策略只有两种：斩仓和空仓。已经持股的投资者要及时斩仓；没有持股的投资者要空仓(见图 5—26)。

值得注意的是，通道宽度不能以多少价位或多少点位进行衡量，而要和投资者的交易成本联系起来进行分析。如果扣除交易成本的获利空间不足 5%的，也就是通道的上下轨之差不足 5.5%的，为窄通道；如果通道的上下轨之差超过 16%的，为宽通道。

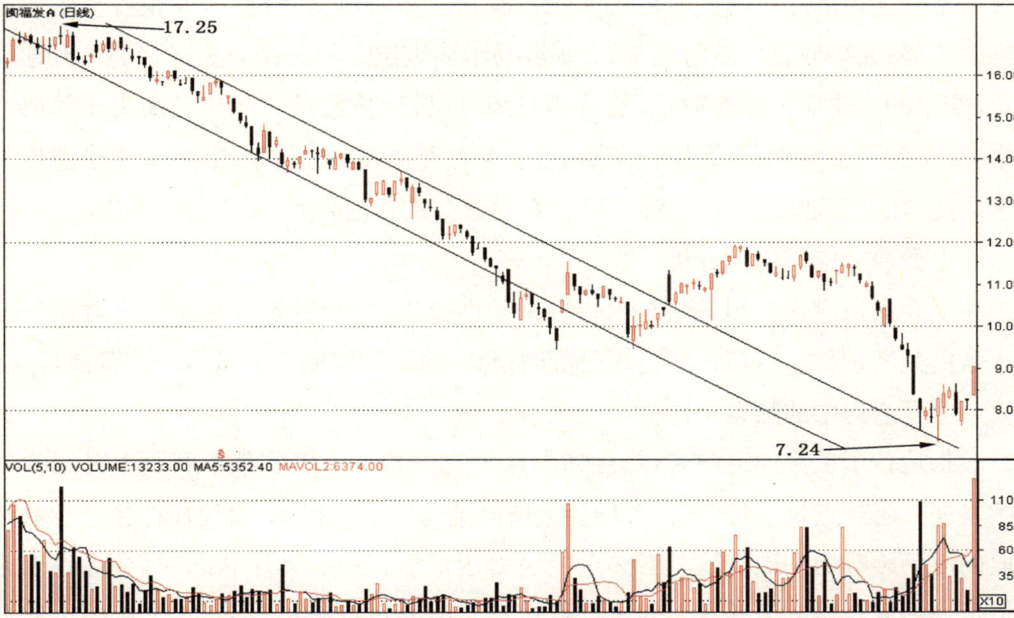


图 5—26

## 第五节 指数通道的短线操作

### 一、上升通道的短线操作

当指数进入标准的上升通道后，投资者应该以积极短线操作为主，同时必须要做好以下几个方面的分析：

1. 上升通道中的间距分析

关注上升通道的上轨与下轨之间的距离，当两者间距逐渐缩小时，则说明即将进入变盘突破阶段，这时候投资者应该尽量减少那种在通道下轨买入、在通道上轨卖出的短线波段操作，注意研判趋势的最终突破方向。

2. 上升通道中的量能分析

股指在上升通道中运行时，如果股指上涨时适度放量，而指数回调时缩量，则说明上升通道的运行状况良好；如果成交量放大速度加快，则无论是上涨还是下跌，都意味着上升通道的运行轨迹将出现变化。股指上涨时成交量过大，会很容易形成向上突破走势；如果股指下跌时放量，会很容易形成破位走势。在一个完整的上升通道中，成交量的变化应该是先放量，然后相对缩量，最后再放量。在拉升期由于筹码已集中，成交量不会太大；但在拉升末期，由于主力资金大多选择退出，成交量会急剧放大。因此，在上升通道进入一定高度后，发现成交量急剧放大，需要及时卖出。

3. 上升通道中的指标分析

在上升通道应该运用一些技术指标来协助分析，比较有效的是用指标背离的方法来帮助判断顶部。所谓背离是指股价创新高，而多种常见技术指标却没有创新高。

4. 上升通道中的热点分析

股指运行于上升通道中时，热点如果过于集中和过于扩散都不利于上升通道的持续发展。当热点过于集中时，市场会呈现出结构性牛市特征，股指往往会受少数热门股的波动影响而剧烈震荡。当热点板块处于扩散、凌乱、无序状态时，会导致上升通道迅速坍塌。只有活跃有序的热点行情和持续的热点板块轮动，才是维持上升通道健康运行的重要因素。

5. 上升通道的突破分析

投资者必须明确的是，上升通道的最终被突破和改变是必然的结果。但是，有很多投资者认为上升通道形成的向上突破是新一轮行情的爆发，而上升通道的最终向下破位将会打开下跌的空间。其实，这种观点是比较单纯和片面的。

上升通道运行趋势改变与下降通道运行趋势改变的结果迥然不同，下降通道如果形成向上突破时往往会出现一轮有力度的涨升行情，而上升通道出现股指放量向上突破时则往往意味着头部即将来临，这是因为此前在上升通道中已经累积了大量的获利盘，投资者的心态在上升通道中也较为乐观，一旦向上突破，常常会引发投资者的跟风追涨行为，主力则往往乘机派发出货。

因此，股价向上突破上升通道时往往意味着行情将告一段落，投资者需要把握行情加速上冲的机会获利了结。

如果是向下跌破通道，投资者需要保持谨慎。上升通道形成后行情具有一定的持续性，但通道一旦破坏就需要时间重新组合，此时投资者可以选择暂时退出，直到形成新的趋势通道再进入。有的时候上升通道的向下破位，并不一定就是行情的结束，有时也意味着新的市场机遇将要出现。例如，在上涨行情的强势调整阶段，经常会出现跌破上升通道的情况。

总之，投资者在上升通道被突破或改变的过程中，一定要做到涨不喜、跌不忧，这样才能正确应对行情的变化。

## 二、下降通道的短线操作

下降趋势通道的基本特点是：指数在下降趋势线压制下沿着标准通道不断持续下跌，指数的5日、10日、20日、30日等多条移动平均线向下运行，并且处于发散阶段中。下降通道中成交量一般呈逐渐缩小的态势，上轨线往往会对股指构成压力，而下轨线将会对指数形成一定的支撑作用。投资者在面对市场行情处于典型的下降趋势通道中时，有多种不同的应变策略：当行情走势出现下降趋势通道时，短线投资者需要把握股指波动的高低位置，进行跌市的波段操作。波段操作的高点位置要综合考虑布林线指标的中轨线和下降趋势压力线的作用；波段操作的低点位置要综合考虑布林线指标的下轨线和下降趋势支撑线的作用。具体方法如下：

在K线图上，将指数每次反弹的顶点连接起来，画出股指下降趋势的上轨线；再将指数每次调整的低点连接起来，画出股指下降趋势的下轨线。当指数下跌触及布林线的下轨线并获得有力支撑，同时股指又接近下降趋势的支撑线时，就是最佳的抢反弹时机；当股指反弹触及布林线的中轨线并遭遇阻力，同时股指又接近下降趋势的压力线时，投资者要及时获利了结。

下降趋势通道中短线操作的注意事项如下：

(1)这种操作属于风险极大的抢反弹操作，仅仅适合于少数有丰富短线投资经验的职业高手，对于大多数股民来说，并不适合。

(2)下降趋势通道中的操作以卖出和减轻仓位为主。

(3)在操作中不要预先设置盈利目标，如果发现反弹受阻，则应立即果断卖出。

(4)注意选股。布林线趋势通道技法只能帮助投资者准确把握买卖时机，在大盘指数处于下降通道中时，市场资金匮乏，不可能产生全面普涨行情，投资者需要准确选股，才能取得理想收益。

(5)注意下降通道的宽度，如果宽度过窄，则不能抢反弹，只能看空。

# 第六章　黄金分割线

“黄金分割率”是一种十分神奇的数字，用它来对股市行情进行预测分析，不仅能够预测出股指或股价上涨与下跌幅度，而且还能够测定股指或股价上涨过程中的各个阻力位（或压力位）和下跌过程中的各个支撑位。

通过这种技术分析方法测出股指或股价上涨过程中的各个阻力位和下跌过程中的各个支撑位，可以为投资者在持股待涨时最高能期望到什么程度，或在空仓观望时最低应看跌到什么程度，提供有力的参考依据。

## 第一节　黄金分割率与股市关联

15 世纪末期，法兰图教会的传教士路卡·巴乔里发现金字塔之所以能屹立数千年不倒且形状优美，原因在于其高度与基座每边的结构比例为“5∶8”。因为有感于这个神秘比值的奥妙与价值，而使用了“黄金”一词，描述此比例法的书籍将其命名为“黄金分割”。

数百年来，一些学者专家陆续发现，包括建筑结构、力学工程、音乐艺术，甚至很多大自然的事物，都与“5∶8”比例近似的 0.382 和 0.618 这两个神秘数字有关：

5÷(5+8)=0.384 6

8÷(5+8)=0.615 4

而由于 0.382 与 0.618 这两个神秘数字相加正好等于 1，所以，将“0.382”与“0.618”的比率称为“黄金分割率”或“黄金切割率”。

许多专家学者指出，“黄金分割率”不但具有美学观点，更具有达到机能的目的。例如，建筑物、门窗、画框、十字架、扑克牌和书籍等，它们的长和宽的比例都十分接近于“黄金分割率”。再比如，一位正常成长的人，从肚脐到脚底的长度，大约占身躯总长度的 0.618，而头顶到肚脐的长度，则大约占身躯总长度的 0.382。如果某个人的身长比例恰巧是 0.618 及 0.382，那么他（她）的身材必然非常匀称。另外，细菌繁殖的速率、海浪的波动、飓风云层以及外层空间星云的旋转等，都与“黄金分割率”所衍生的“黄金螺旋”1.618 倍的比率有关。

最近数十年来，一些美国学者将“黄金分割率”应用于股市行情分析，发现当股指或股价的上涨速度达到前波段跌幅的 0.382 倍、0.5 倍或 0.618 倍附近时，都会产生较大的反压，随时可能出现止涨下跌；当股指或股价出现下跌时，其下跌的幅度达到前波段涨幅的 0.382 倍、0.5 倍或 0.618 倍附近时，往往会产生较大的支撑，随时可能出现止跌上涨。为什么会这么巧合呢？究其根源，既然自然界都受到“黄金分割”这种神奇力量的规范，那么，人类不可避免地也会受到自然界的制约。股市行情是集合众人力量的行为，它也属于一种自然的社会现象，因此其必然有规律可循，在一般情况下也容易受到自然界无形力量的制约。因此，在对股市行情的观察分析中，如果能够恰到好处地运用“黄金分割率”，将能够在一定程度上为短线操作带来帮助，提高投资的盈利率。

在股市投资过程中，投资者主要运用黄金分割来揭示上涨行情中的调整支撑位或下跌行情中的反弹压力位。不过，黄金分割线没有考虑到时间变化对股价的影响，所揭示出来的支撑位与压力位较为固定，投资者不知道什么时候会到达支撑位与压力位。因此，如果指数或股价在顶部或底部横盘运行的时间过长，则其参考作用则要打一定的折扣。虽然有些缺点，但这丝毫不影响黄金分割线作为实用切线工具的地位。

黄金分割线是利用黄金分割比率进行的切线画法，在行情发生转势后，无论是止跌转升还是止升转跌，以近期走势中重要的高点和低点之间的涨跌幅度作为计量的基数，将原涨跌幅按 0.191、0.382、0.5、0.618、0.809 分割为 5 个黄金点，股价在反转后的走势将可能在这些黄金分割点上遇到暂时的阻力或支撑。黄金分割的原理源自费波纳契神奇数字即大自然数字，0.618 033 9……是众所周知的黄金分割比率，是相邻的费波纳契级数的比率，反映了费波纳契级数的增长，反映了大自然的静态美与动态美。据此又推算出 0.191、0.382、0.809 等，其中黄金分割线中运用最经典的数字为0.382、0.5和0.618，极易产生支撑与压力。

例如，以上证指数分析，2011年4～6月股市出现下跌行情，6月下旬股市反弹，至7月上证指数两次都是在接近0.5的黄金分割位时遇阻回落（见图6—1）。

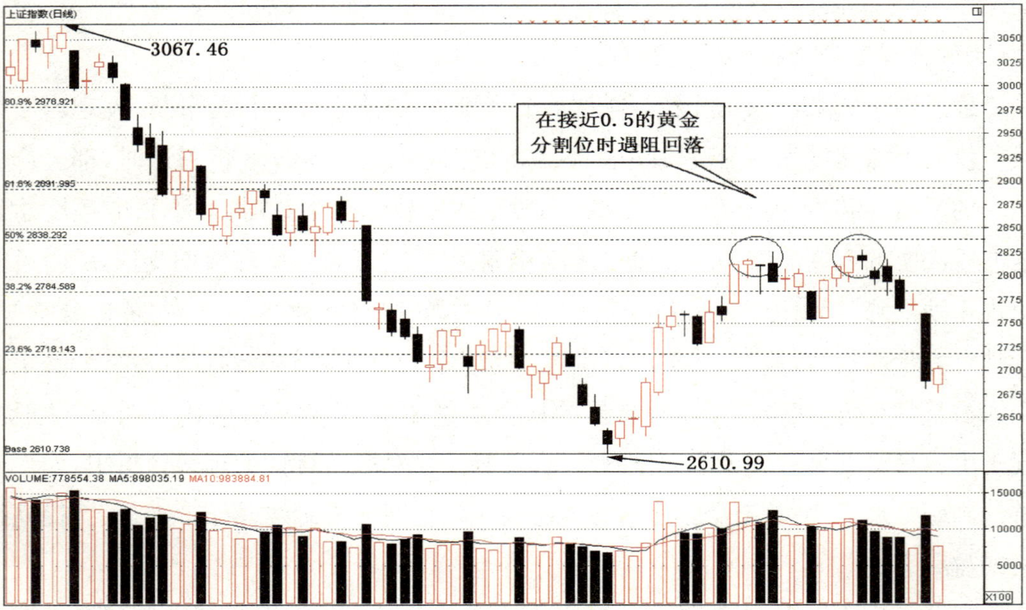


图6—1

## 第二节　黄金分割线的绘图方法

目前，绝大多数股票分析软件上都有画线辅助功能，黄金分割线的画图比较简单。画法如下：

首先找到分析软件的画线功能，点击它，然后在画线工具栏中点击黄金分割选项（见图6—2）。

如果股价正处于见底回升的阶段，以此低点为基点，用鼠标左键点击此低点，并按住鼠标左键不放，拖动鼠标使边线对齐相应的阶段性高点，即回溯这一下跌波段的峰顶，松开鼠标左键，系统即生成向上反弹上档压力位的黄金分割线。

例如，酒钢宏兴（600307）在2010年2月3日下跌至10.78元，随后出现反弹行

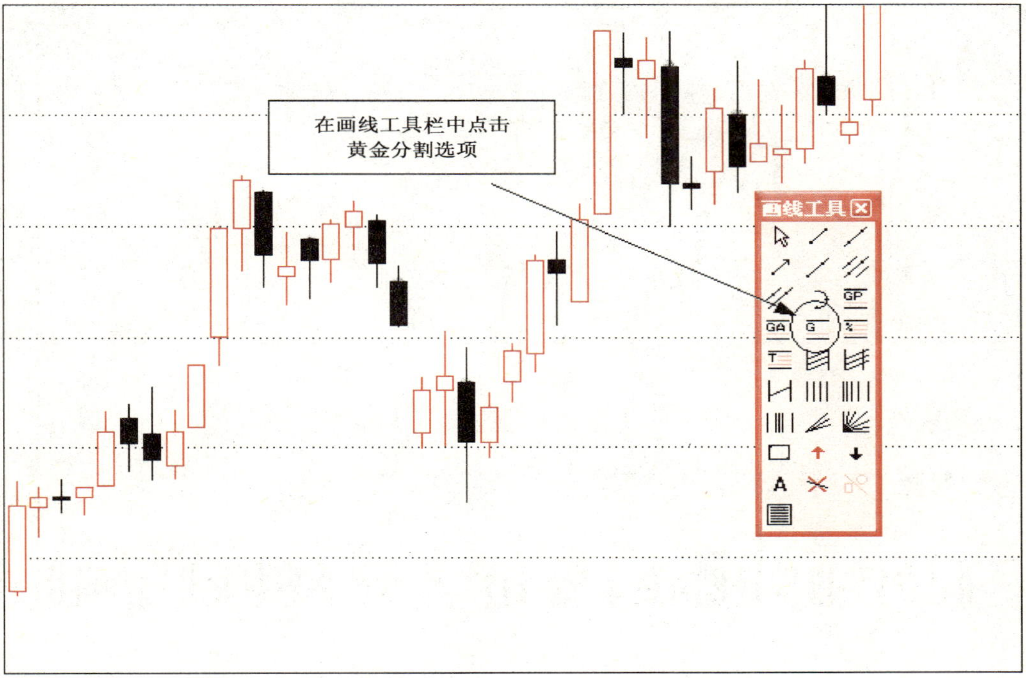


图 6—2

情，投资者并不知道该股反弹的空间。这时可以借助黄金分割线的分析方法以 10.78 元低点为基点，以前次高点的 17.16 元为峰顶画出黄金分割线。从图形可以看出，反弹恰好在重要的 0.5 黄金分割位遇阻回落，这反映出黄金分割线的神奇之处（见图 6—3）。

另一方面，如果股价正处于见顶回落的阶段，以此高点为基点，用鼠标左键点击此高点，并按住鼠标左键不放，拖动鼠标使边线对齐相应的低点，即回溯这一上涨波段的谷底，松开鼠标左键，系统即生成黄金分割线。

例如，鑫科材料（600255）在 2010 年的下半年走出一波上涨行情，并于 11 月开始出现回调，投资者并不知道该股回调的深度。此时可借助黄金分割线的分析方法，以 2010 年 11 月 2 日的 12.58 元高点为基点，以 2010 年 7 月 2 日的 5.21 元低点为谷底画出黄金分割线，可以看出这段行情的 0.5 回调位为 9.77 元，而该股股价每当下跌到这里时都能获得有力的支撑，并形成回调买入位（见图 6—4）。

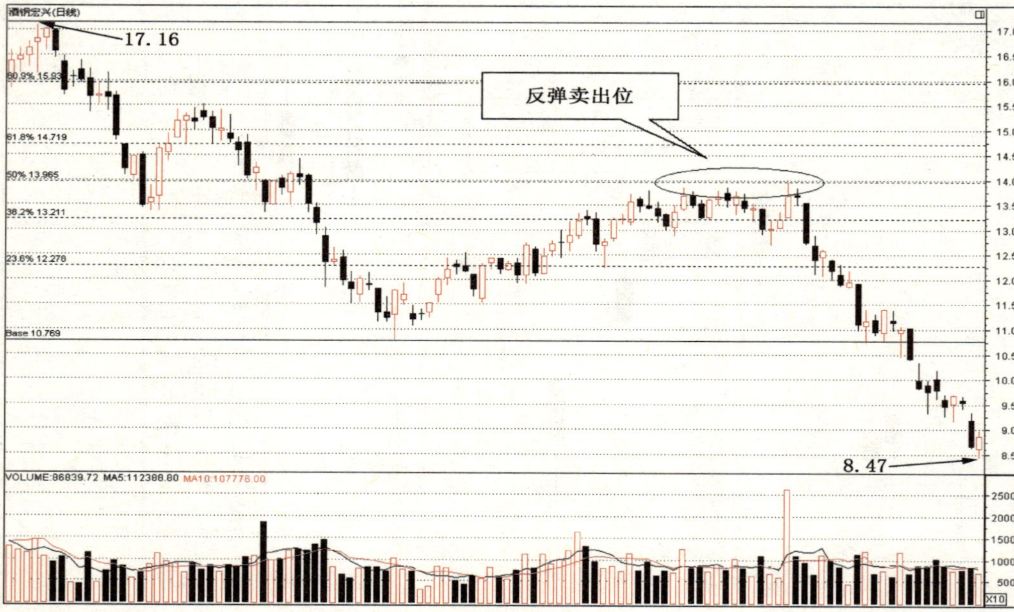


图6—3

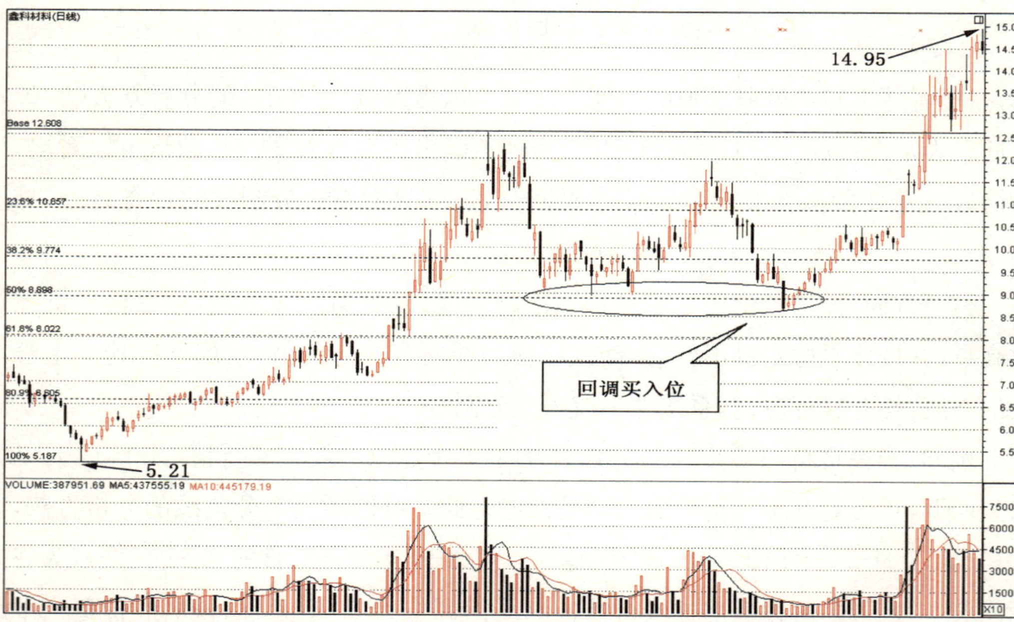


图6—4

## 第三节　黄金分割线的强弱分析

在实际操作中需要注意：黄金分割线中最重要的三条线为 0.382、0.5 和 0.618，在反弹行情中，0.382 为弱势反弹位，0.618 为强势反弹位；在回调行情中，0.382 为强势回调位，0.618 为弱势回调位。

例如，成城股份(600247)从 2011 年 3 月开始下跌，至 4 月末出现反弹行情，以连续阳线的方式不断上涨，直到 5 月 13 日的上影线上穿 0.618 位置，随后该股遭遇阻力并回落。从图形上分析，0.618 形成的强势反弹位对其走势起到了明显的压制作用(见图 6—5)。

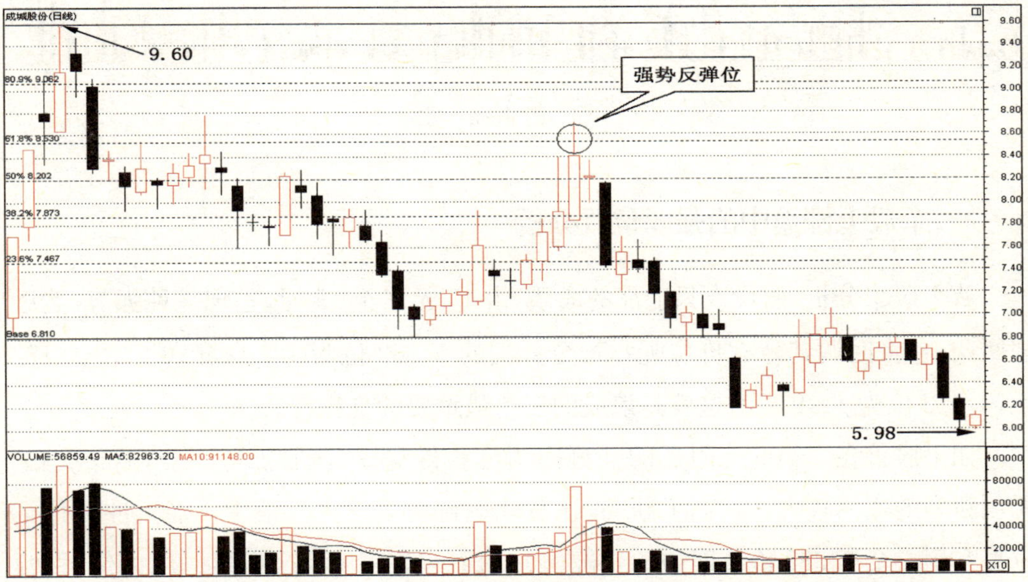


图 6—5

再如，金龙汽车(600686)在 2010 年下半年走出标准的上升通道，但在 2010 年 11 月开始出现回调行情，通过黄金分割线分析可以看出，该股分别在 2010 年的 11 月、12 月和 2011 年 1 月三次下跌到 0.382 强势回调位处获得支撑，并就此展开新一轮上涨行情(见图 6—6)。

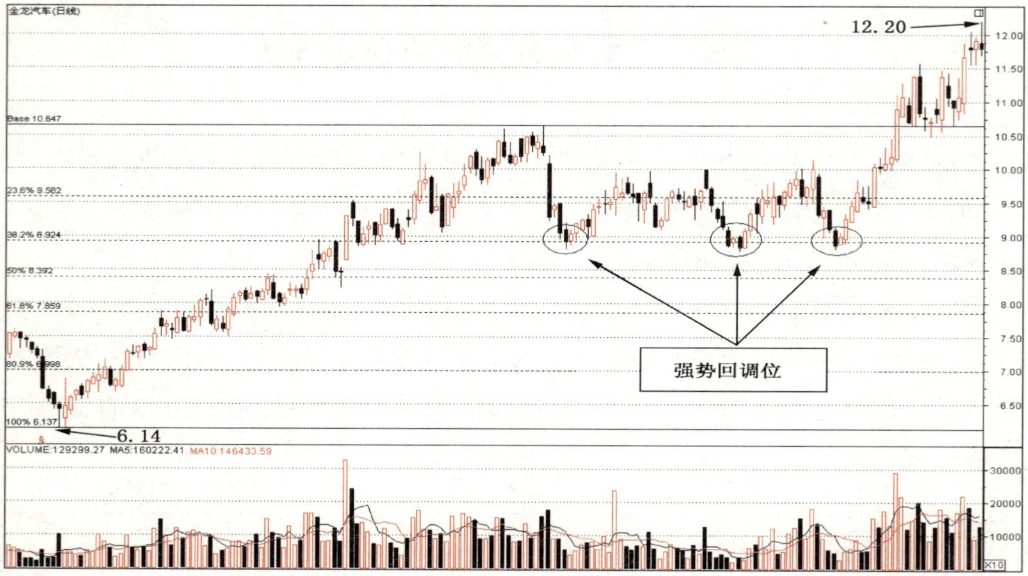


图 6—6

## 一、个股上涨途中的强弱位置分析

从个股来分析，假设一只上涨的股票，由 10 元涨至 15 元，呈现一种强势，然后出现回调，它将回调到什么价位呢？黄金分割的 0.382 位为 13.09 元，0.5 位为 12.50 元，0.618 位为 11.91 元，这就是该股的三个最重要的支撑位。

如果股价在 13.09 元附近的强势回调位获得支撑，该股强势不变，后市突破 15 元创新高的概率较大。若创了新高，该股就运行在第三主升浪中。能上冲到什么价位呢？用一个 0.382 价位即(15－13.09)＋15＝16.91 元，这是第一压力位；用两个 0.382 价位(15－13.09)×2＋15＝18.82 元，这是第二压力位；第三压力位为 10 元的倍数即 20 元。

如果该股从 15 元下调至 12.50 元附近才获得支撑，则该股的强势特征已经趋淡，后市突破 15 元的概率一般。若突破，高点一般只能达到一个 0.382 价位，即 16.91 元左右；若不能突破，往往形成 M 头，后市行情将逐渐走弱。

如果该股从 15 元下跌至 0.618 的弱势回调位 11.91 元甚至更低才获得支撑，则该股已经由强转弱，破 15 元新高的概率较小，大多仅触及下调空间的 0.5 位附近[假设回调至 11.91 元，反弹目标位大约在(15－11.91)×0.5＋11.91＝13.46 元]，然后再行下跌，运行该股的下跌 C 浪。下跌的大约价位是：11.91－(15－13.09)＝10 元，是第一支撑位，也是前期低点；11.91－(15－13.09)×2＝8.09 元，是第二支撑位。

## 二、个股下跌途中的强弱位置分析

假设一只下跌的股票由 40 元跌至 20 元，然后出现反弹，黄金分割 0.382 的弱势反弹位为 27.64 元；0.5 位为 30 元；0.618 的强势反弹位为 32.36 元。

如果该股仅反弹至 0.382 弱势反弹位的 27.64 元附近即遇阻回落，则该股的弱势特性不改，后市下破 20 元创新低的概率较大。

如果反弹至 0.5 位 30 元遇阻回落，则该股的弱势股性已经有转强的迹象，后市下破 20 元的概率一般。大多在 20 元之上再次获得支撑，形成 W 底，此后逐渐恢复强势行情。

如果反弹至 0.618 强势反弹位的 32.36 元附近才遇阻回落，则该股的股性已经由弱转强，后市下破 20 元的概率较低，更大的可能是回探反弹空间的 0.5 位[假设反弹至 32.36 元，回档目标为(32.36－20)×0.5＋20＝26.18 元]，然后再逐渐走强。

**值得注意的是，黄金分割法对具有明显上升或下跌趋势的个股有效，对平台运行的个股无效，使用时需要加以区别。**

# 第七章　百分比线

## 第一节　百分比线的理论基础

百分比线是一种比较常见、简便易行的切线分析工具，是利用百分比率的原理进行的切线分析，主要运用百分比率揭示支撑位或压力位。百分比线考虑问题的出发点是投资者的心理因素和一些整数位的分界点，当股价持续向某个方向发展到一定程度时，就会遇到压力或支撑，而这种压力和支撑位置与前一段时间的行情具有一定的联系。

百分比线将股价的前一次涨跌过程视为重要的参照物，将上一次行情中重要的高点和低点之间的涨跌幅按 1/8、2/8、1/3、3/8、4/8、5/8、2/3、6/8、7/8、8/8 的比率生成百分比线来划分各等分。

百分比线可使股价的涨跌幅度更加直观，往往能形成重要的阻力位与支撑位。百分比线的依据是江恩理论，江恩用简单的大数法则，将空间分成 10 等分，如用百分比来表示，即 1/8＝12.5％、2/8＝25％、1/3＝33.3％、3/8＝37.5％、4/8＝50％、5/8＝62.5％、2/3＝66.6％、6/8＝75％、7/8＝87.5％、8/8＝100％。

上述各比率中，50％最为重要，因为很多事物都是一分为二的，此外 1/3＝33.3％、2/8＝25％及 6/8＝75％、2/3＝66.6％这四条距离较近的比率也十分重要，往往起到重要的支撑位与压力位作用。它们加上 50％这条线，这五条线的位置与黄金分割线的位置基本上是相互重合或接近的，因而最具有支撑与压力的作用。

在百分比线的各个比例中，33％和 25％、75％和 67％，这两组百分比线是最接近的，它们一般被俗称为“筷子”，意思是当股价触碰这个价位时，会被“筷子”夹住而无法动弹。它们是效果比较显著的两个位置，也是投资者用百分比线进行股价技术分析中必须重视的两组比例。

例如：中国宝安(000009)在2011年上半年形成下跌行情，直至6月下旬才出现反弹，通过百分比线分析可以看出，当股价反弹至25%和33%之间的“筷子”区间时明显遭遇阻力，并就此形成阶段性顶部(见图7—1)。

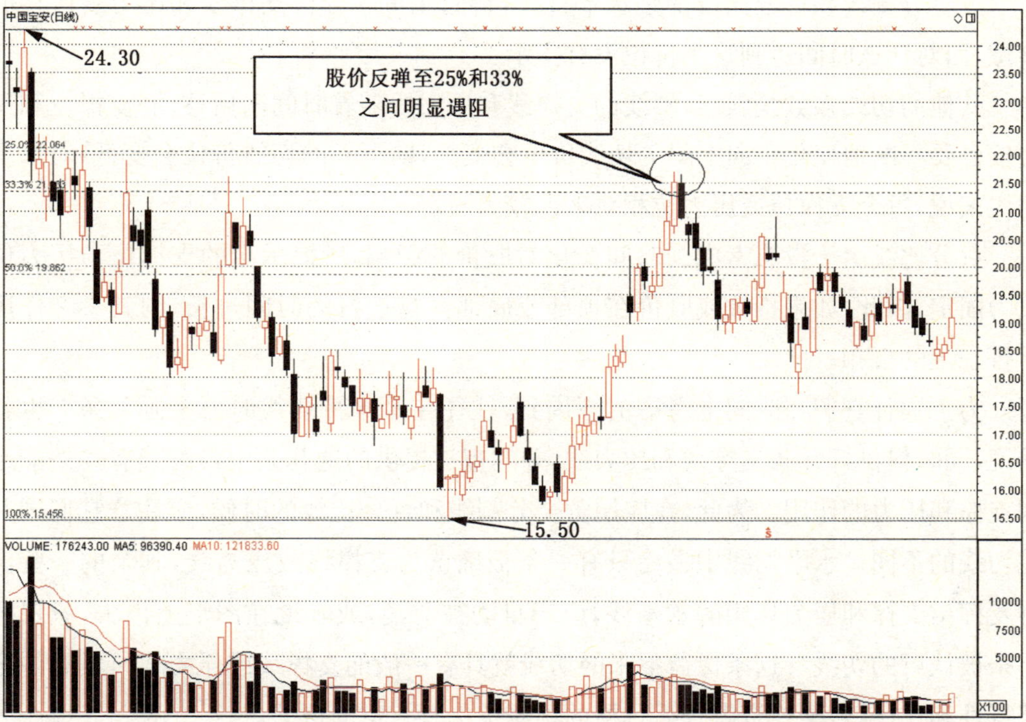


图 7—1

以股价垂直比例分析的理论为主的百分比线不仅是江恩理论的补充，同时能够和波浪理论进行正反对应。因为波浪理论3波上升浪、2波调整浪是互相交错、循环往复的运行。而一般行情中的第1、3浪的高点常常落在“筷子”附近，据此可以预测股价可能上升的顶部并验证整波上升循环是否已经结束。

## 第二节　百分比线的绘图方法

百分比线与黄金分割线不同之处在于所引用的比率不同，但两者的分析原理基本相似，在对同一行情或个股进行分析时，所揭示的关键性点位的位置比较接近，因此在实际的应用中，两者是可以相互替代或者相互辅助使用的。

黄金分割线和百分比线都是水平直线，它们注重于分析支撑线和压力线所在的价位，而对什么时间达到这个价位没有指示。

其他的切线多数是斜线，斜线的支撑线和压力线随着时间向后移动，支撑位和压力位也要不断地变化。向上斜的切线价位会变高，向下斜的切线价位会变低，对水平切线来说，每个支撑位或压力位相对来说较为固定。

百分比线由于没有考虑到时间变化对股价的影响，所揭示出的支撑位与压力位较为固定，因此，如果指数或股价在顶部或底部横盘运行的时间过长，则其参考作用要打一定的折扣。

为了弥补它们在时间上考虑的不周到，往往在画水平切线时要多画几条。也就是说，同时提供好几条支撑线和压力线，并期望被提供的这几条中最终确有一条能起到支撑和压力的作用。为此，在应用黄金分割线和百分比线的时候，应注意它们同其他切线的不同。水平切线中最终只有一条被确认为支撑线或压力线，其余的一些没有发挥出支撑和压力作用的水平线，应当自动被取消，或者说在图形上消失，只保留那条被认可的切线。这条保留下来的切线就具有一般的支撑线或压力线所具有的全部特性和作用，对于投资者今后价格的预测工作有一定的帮助。

百分比线的绘图比较简单，画法如下：

如果股价的前一次行情是正处于下跌阶段中，则以此前高点为基点，用鼠标左键点击此高点，并按住鼠标左键不放，拖动鼠标使边线对齐相应的低点，即回溯这一下跌行情的最低点，松开鼠标左键，系统即生成百分比线（见图 7—2）。

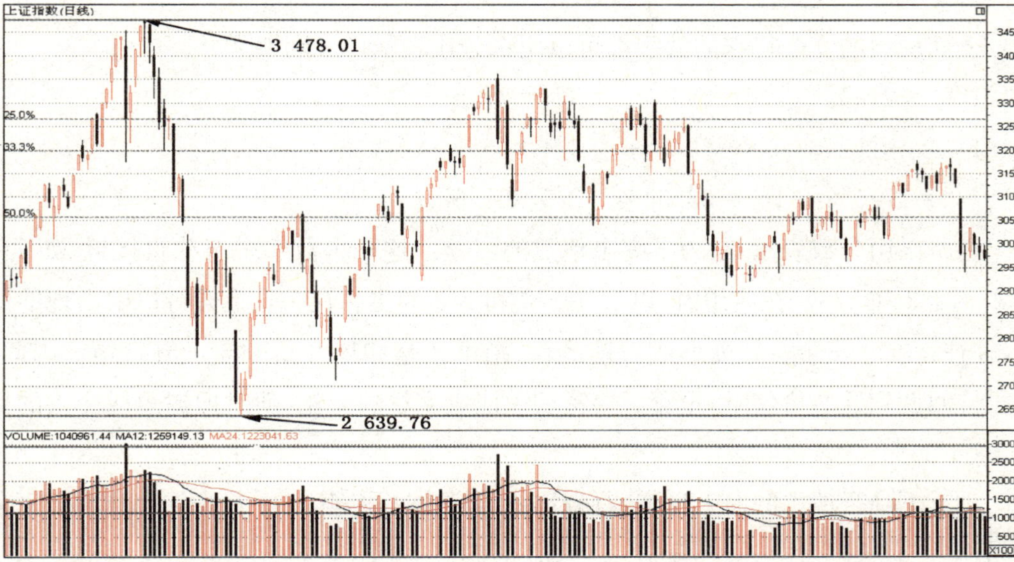


图 7—2

## 第三节　百分比线的应用技巧

百分比线考虑问题的出发点是投资者的心理因素和一些整数的分界点。

当价格持续向上，涨到一定程度时，肯定会遇到压力，遇到压力后就要向下回撤，回撤的位置很重要。黄金分割提供了几个参考价位，百分比线也提供了几个参考价位。

以一轮上涨行情开始的最低起点和最高点两者之间的差，分别乘上几个特别的百分比数，就可以得到未来支撑位可能出现的位置。

假设低点是 10 元，高点是 22 元。这些百分比数共 9 个，它们是：1/8、1/4、3/8、1/2、5/8、3/4、7/8、1/3、2/3。按上面所述方法将得到 9 个价位。

这里的百分比线中，1/2、1/3、2/3 这三条线最为重要。在很大程度上，回撤到 1/2、1/3、2/3 是投资者普遍的一种心理倾向。如果没有回落到 1/2、1/3、2/3 以下，投资者就感觉没有回落到位似的；如果已经回落了 1/2、1/3、2/3，多数投资者自然会认为回落的深度已经到位了。

上面所列的9个特殊的数字都可以用百分比表示。分别如下：

1/8＝12.5％　1/4＝25％　3/8＝37.5％

1/2＝50％　5/8＝62.5％　3/4＝75％

7/8＝87.5％　1/3＝33.33％　2/3＝66.67％

之所以用分数表示，是为了突出整数的习惯。这9个数字中有些很接近，如1/3和3/8,2/3和5/8。在应用时，以1/3、1/2和2/3为主。在一轮上升行情中出现的回调，往往是在这三个位置处形成短期低点，结束调整和展开新一轮上升行情。因此，当股价回调到这些价位时，投资者要密切关注成交量的变化，随时把握短线介入的机会。

对于下降行情中的向上反弹，百分比线同样也适用，其分析方法与上升情况完全相同。

值得注意的是：百分比中几条线非常接近和等于黄金分割线。例如：百分比线3/8＝37.5％与黄金分割线中的38.2％非常接近；百分比线5/8＝62.5％与黄金分割线中的61.8％非常接近；百分比线中的1/2等于黄金分割线中的50％。实际应用中这几条可以互相替代，并且有很高的使用价值，每当行情运行到这一带时常常会遭遇阻力或遇到支撑。

# 第八章　对称角度线

对称角度线是建立在反射原理上的一种投资技巧，根据对称角度线，可以研判未来行情的运行趋势和买卖时机。

## 第一节　底部反转中的应用技巧

### 一、绘画方法

(1)从分析软件中调用对称角度线的画线工具。

(2)以最低点确定为起点。

(3)以起点之前的最高点和行情走势确定为基本角度线。

(4)自动生成后市行情的右侧角度线(见图 8－1)。

### 二、应用技巧

(1)当股价一直在右侧角度线上方运行，如果有效破位该角度线，并且显示无力回到右侧角度线之上的时候，投资者要果断卖出(见图 8－2)。

(2)如果股价一直在右侧角度线下方运行，当股价有效上穿角度线时，则可以买进；等待股价跌穿右侧角度线时再卖出(见图 8－3)。

(3)有时股价或指数在上涨过程中虽然受到右侧角度线的压制，当股价穿越该角度线并迅速回落跌破时，则为短线卖出位置(见图 8－4)。

(4)如果股价在右侧的上涨过程中出现强势调整，调整到右侧角度线时获得有力支撑，该支撑将形成最佳买点位置(见图 8－5)。

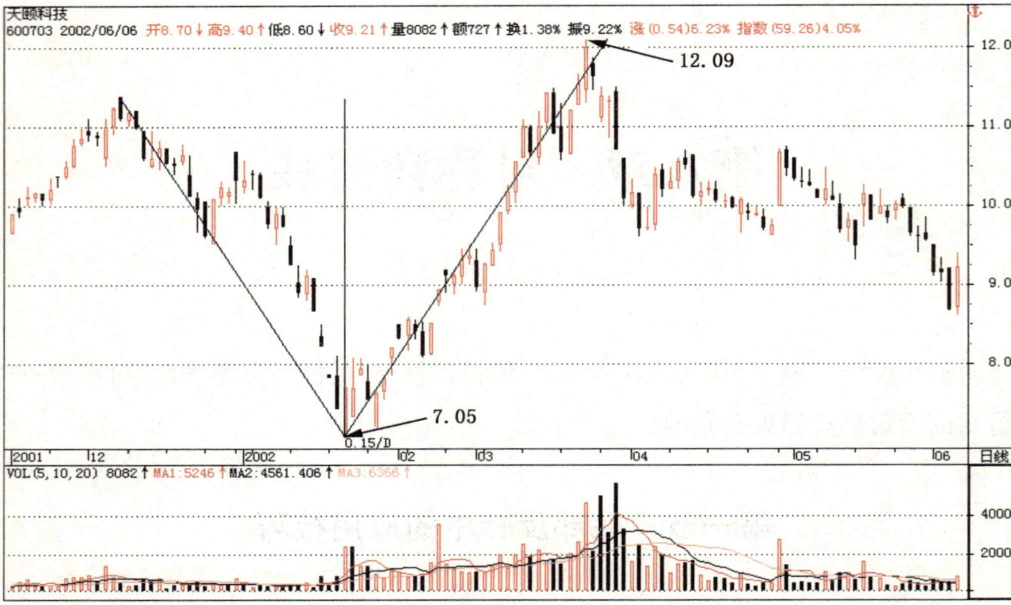
天颐科技
600703 2002/06/06 开8.70↓高9.40↑低8.60↓收9.21↑量8082↑额727↑换1.38% 振9.22% 涨(0.54)6.23% 指数(59.26)4.05%
12.09
7.05
0.15/D
VOL(5,10,20) 8082↑ MA1:5246↑ MA2:4561.406↑ MA3:6366↑
日线

图 8—1

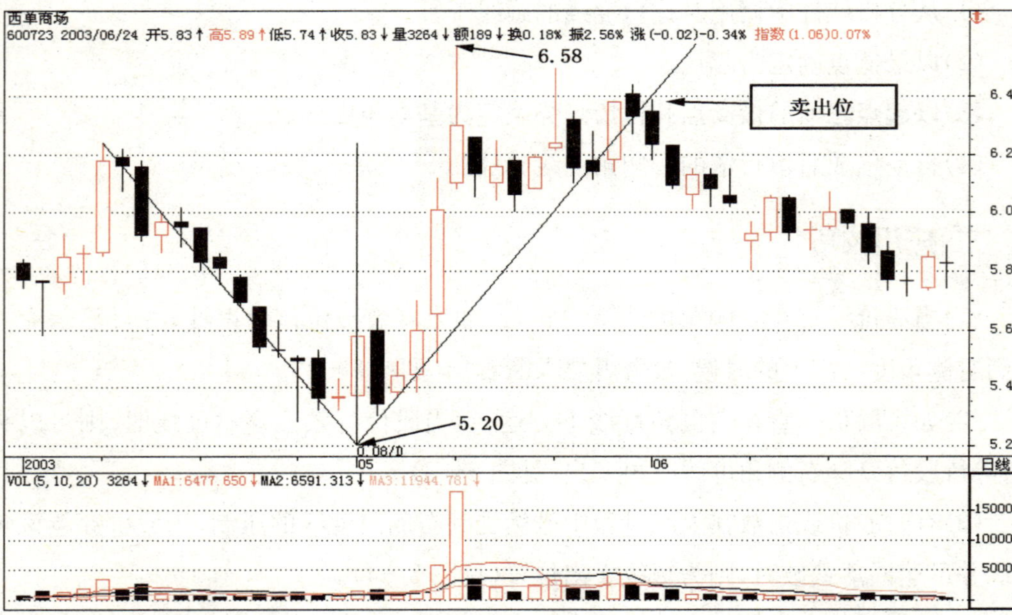
西单商场
600723 2003/06/24 开5.83↑高5.89↑低5.74↑收5.83↓量3264↓额189↓换0.18% 振2.56% 涨(-0.02)-0.34% 指数(1.06)0.07%
6.58
卖出位
5.20
0.08/D
VOL(5,10,20) 3264↓ MA1:6477.650↓ MA2:6591.313↓ MA3:11944.781↓
日线

图 8—2

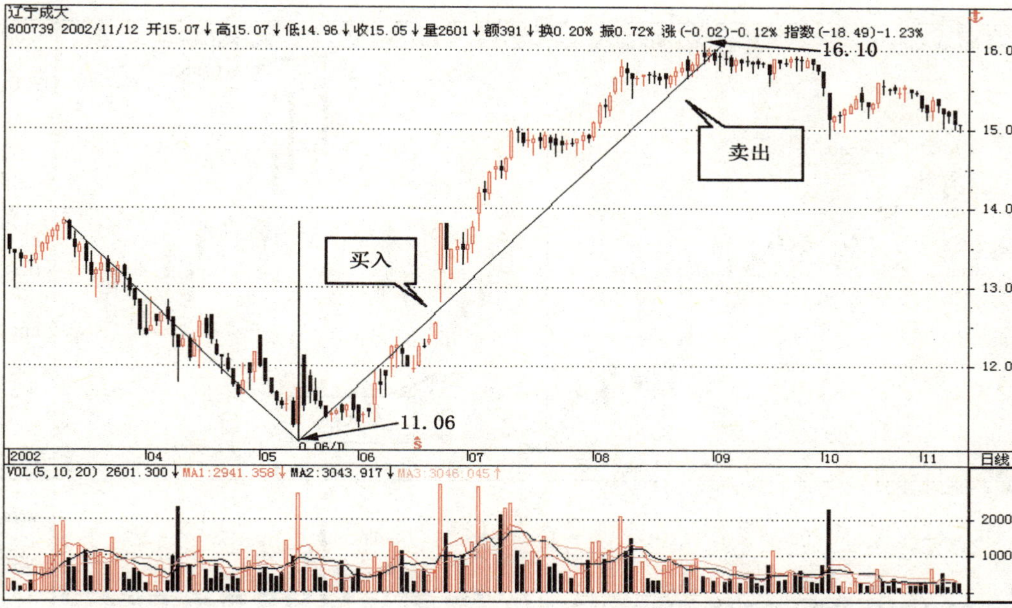
辽宁成大
600739 2002/11/12 开15.07↓高15.07↓低14.96↓收15.05↓量2601↓额391↓换0.20% 振0.72% 涨(-0.02)-0.12% 指数(-18.49)-1.23%
16.10
卖出
买入
11.06
VOL(5,10,20) 2601.300↓MA1:2941.358↓MA2:3043.917↓MA3:3046.045↑
日线

图 8—3

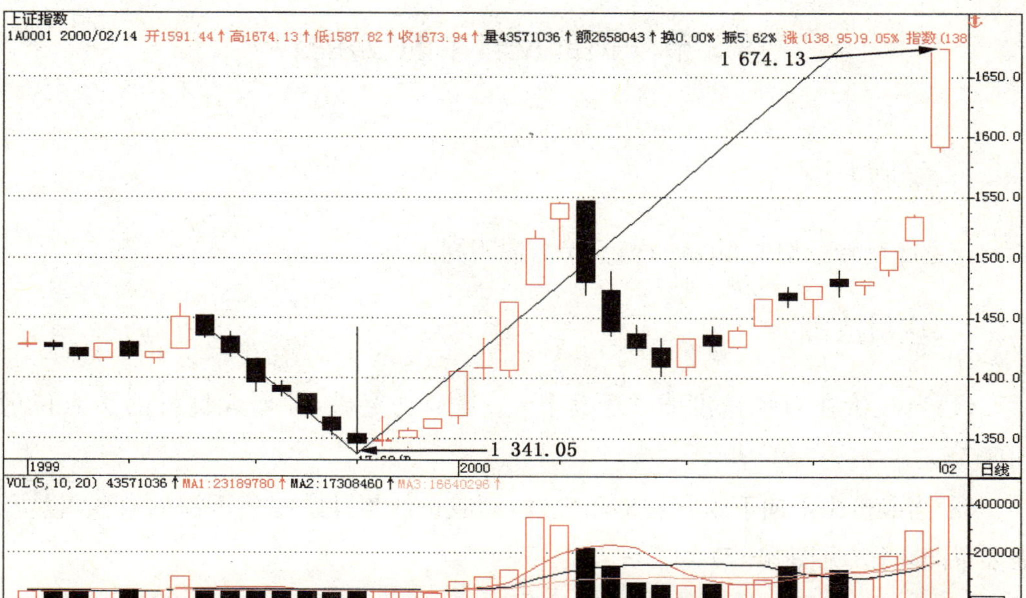
上证指数
1A0001 2000/02/14 开1591.44↑高1674.13↑低1587.82↑收1673.94↑量43571036↑额2658043↑换0.00% 振5.62% 涨(138.95)9.05%
1 674.13
1 341.05
1999
2000
日线
VOL(5,10,20) 43571036↑MA1:23189780↑MA2:17308460↑MA3:18640296↑

图 8—4

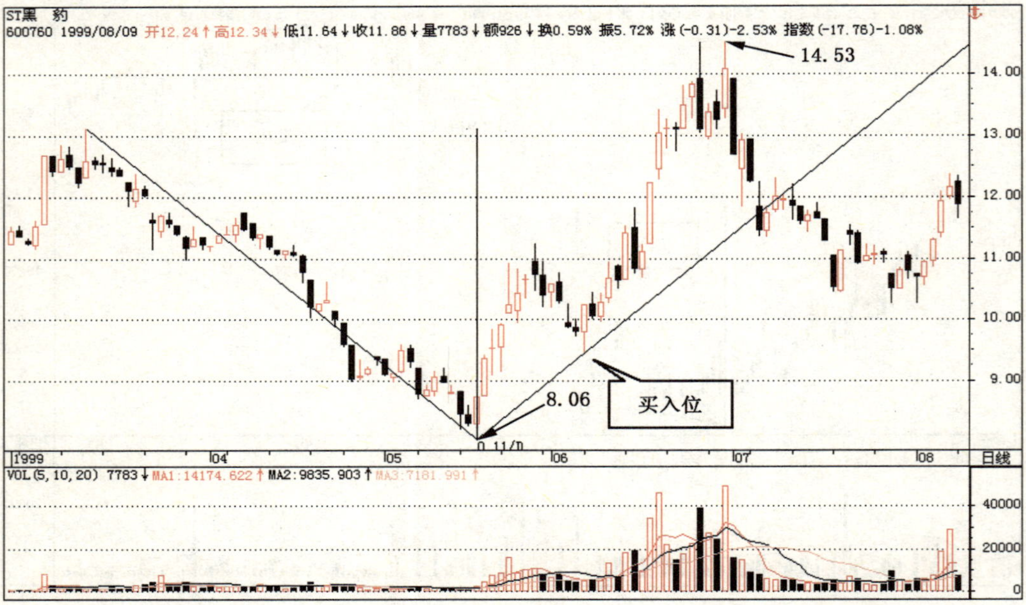


图 8—5

## 第二节　顶部反转中的应用技巧

### 一、绘画方法

与见底反转行情的画法一样，只是方向不同。

### 二、应用技巧

(1)当股价在右侧角度线之下运行，一旦成功突破，即形成良好的买入位(见图 8—6)。

(2)当股价由上向下跌穿右侧角度线，而股价的累计跌幅还不深的时候，投资者需要果断止损(见图 8—7)。

(3)当股价围绕右侧角度线运行一段时间以后，突然远离下降的角度线并展开独立的上升行情时，投资者也需要及时跟进买入(见图 8—8)。

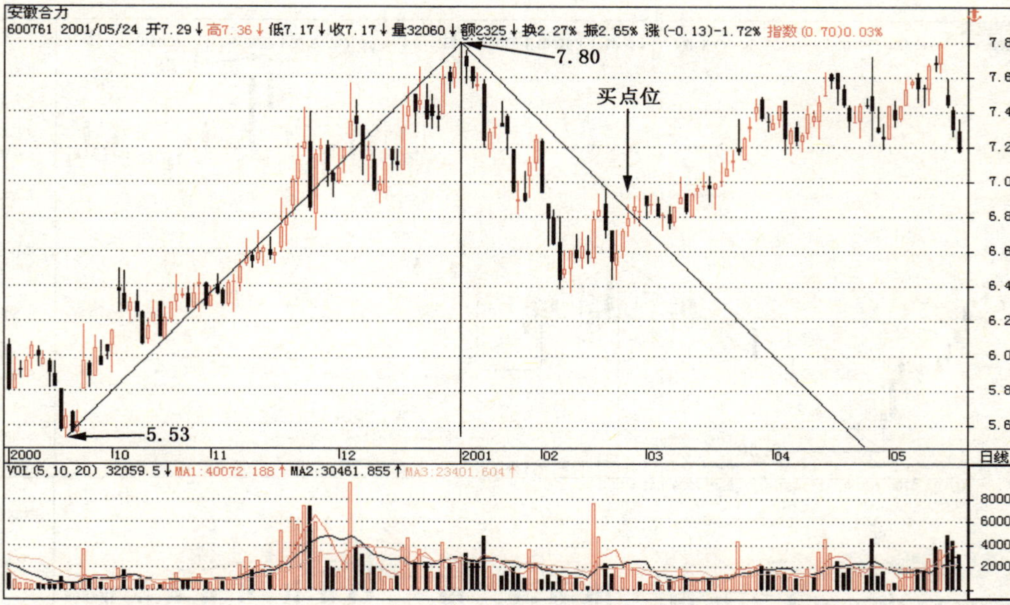
安徽合力
600761 2001/05/24 开7.29↓高7.36↓低7.17↓收7.17↓量32060↓额2325↓换2.27% 振2.65% 涨(-0.13)-1.72% 指数(0.70)0.03%
7.80
买点位
5.53
VOL(5,10,20) 32059.5↓MA1:40072.188↑MA2:30461.855↑MA3:23401.604↑
日线

图 8—6

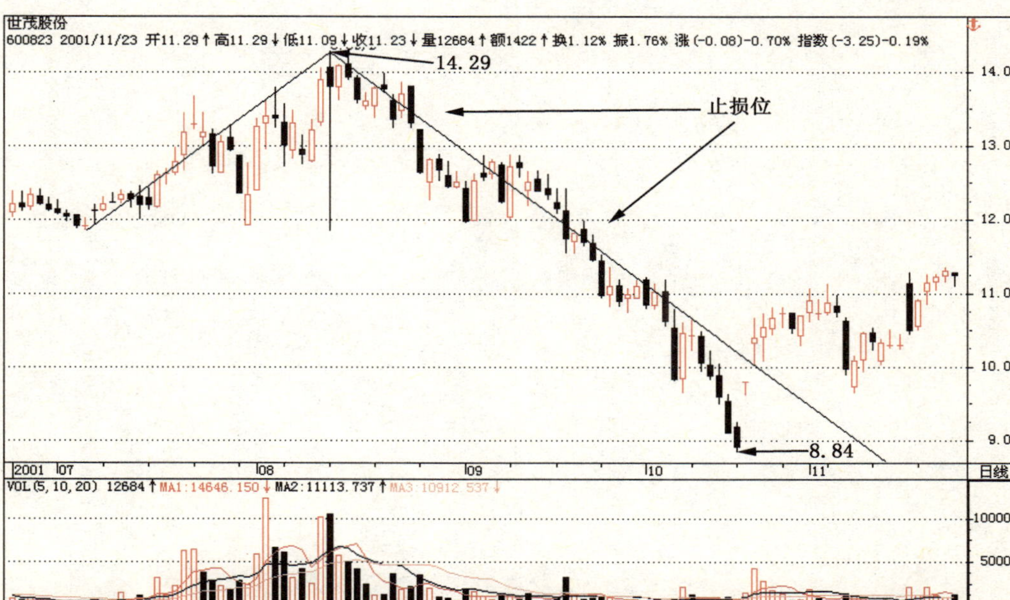
世茂股份
600823 2001/11/23 开11.29↑高11.29↓低11.09↓收11.23↓量12684↑额1422↑换1.12% 振1.76% 涨(-0.08)-0.70% 指数(-3.25)-0.19%
14.29
止损位
8.84
VOL(5,10,20) 12684↑MA1:14646.150↓MA2:11113.737↑MA3:10912.537↓
日线

图 8—7

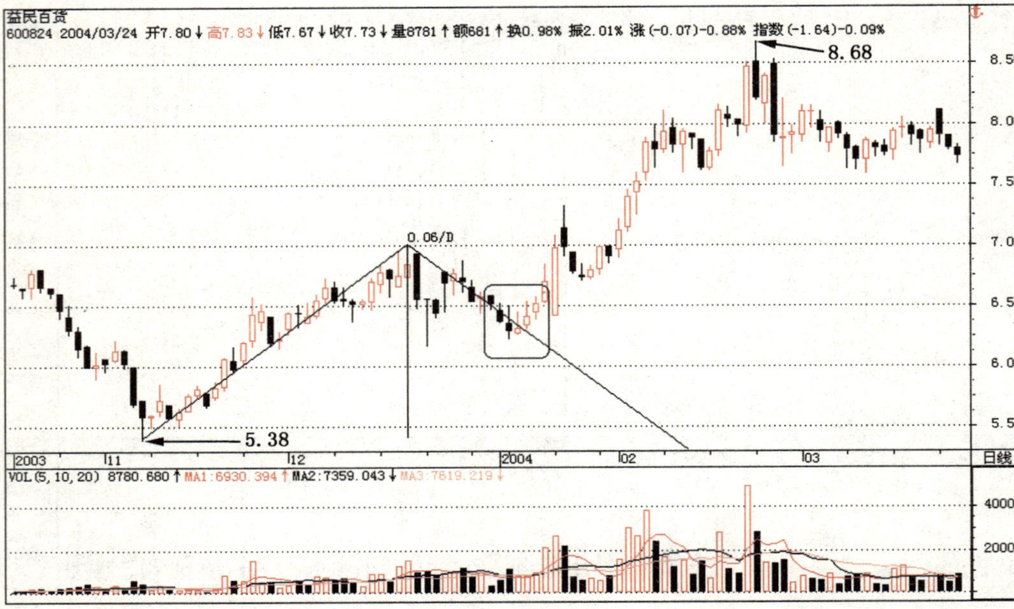
益民百货
600824 2004/03/24 开7.80↓高7.83↓低7.67↓收7.73↓量8781↑额681↑换0.98% 振2.01% 涨(-0.07)-0.88% 指数(-1.64)-0.09%
8.68
0.06/D
5.38
VOL(5, 10, 20) 8780.680↑MA1:6930.394↑MA2:7359.043↓MA3:7819.219↓
日线

图 8—8

# 第九章　速度线

## 第一节　速度线的原理

速度线也称速度阻挡线、速度阻力线或速阻线，由爱德森·古尔德开创。这是一种将趋势线和百分比线融为一体的投资分析技巧。当价格上升或下跌的第一波形态完成后，利用第一波的展开幅度推测出后市发展的几条速度线，可作为支撑和阻力位置。

速度线测绘的是趋势上升或下降的速率（或者说是趋势的速度）。

在上升趋势中，先要找到当前上升趋势的最高点。在图表上，从这个最高点开始，向下作一条垂直线，直达趋势起点所在的水平位置。然后把所得的竖直线段三等分。通过趋势起点以及两个三等分点，可以作出两条趋势线，它们分别代表 2/3 速度线和 1/3 速度线。

在下降趋势中，只要把上述程序相应地调整一下即可。也是先作出从下降趋势的最低点到趋势起点的水平位置的垂直线段，然后从趋势起点起，通过该线段的三等分点分别作出两条直线。

每当上升趋势出现了新的最高点，或下降趋势出现了新的最低点之后，都必须重新作出上述一系列直线，因为趋势已经改变，行情有了新的高点或新的低点。而速度线是自趋势起点出发通过那两个三分点作出来的，所以，这样的趋势线或许会从某些价格线段中穿过。这种趋势线没有画在低点或高点上，而是从价格变化中间穿过，是趋势线的一种特例。

## 第二节　速度线的相关比较

### 一、速度线同扇形原理

虽然速度线同扇形原理考虑的问题一样，也是用以判断趋势是否将要反转。不过，给出的是固定的直线，而扇形原理中的直线是随着价格变动而变动的。

### 二、速度线与甘氏线

速度线的原理与甘氏线较相似，都是试图通过一些特殊的角度来界定价格的变化方向，因而有一定的互补参考价值。

### 三、速度线与其他切线的不同

速度线与其他切线的不同在于：速度线有可能随时变动，一旦有了新高或新低，则速度线将随之发生变动，尤其是新高和新低离原来的高点和低点相距很近时更是如此，原来的速度线将会失效。

### 四、速度线与百分比线

速度线具有一些百分比线的思想。它是将每个上升或下降的幅度分成三等分进行处理，所以，投资者又把速度线称为三分法。

速度线、扇形原理和甘氏线这三种切线的共同特点就是找到一点（通常是下降的低点和上升的高点），然后以此点为基础，向后画出很多条射线，这些射线就是未来可能成为支撑线和压力线的直线。

## 第三节　速度线的绘图方法

速度线的画法分为以下步骤：

（1）找到一个上升或下降过程的最高点和最低点，然后，将高点和低点的垂直距离三等分(见图 9—1)。

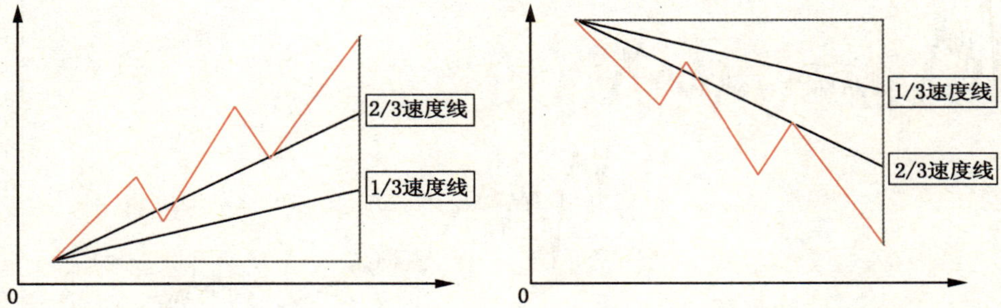


图 9—1

(2)在上升趋势中,由最初上升的低点,向上连接其垂直距离 2/3 和 1/3 的地方,向上画出两条斜线,这两条斜线就是上升速度线(见图 9—2)。

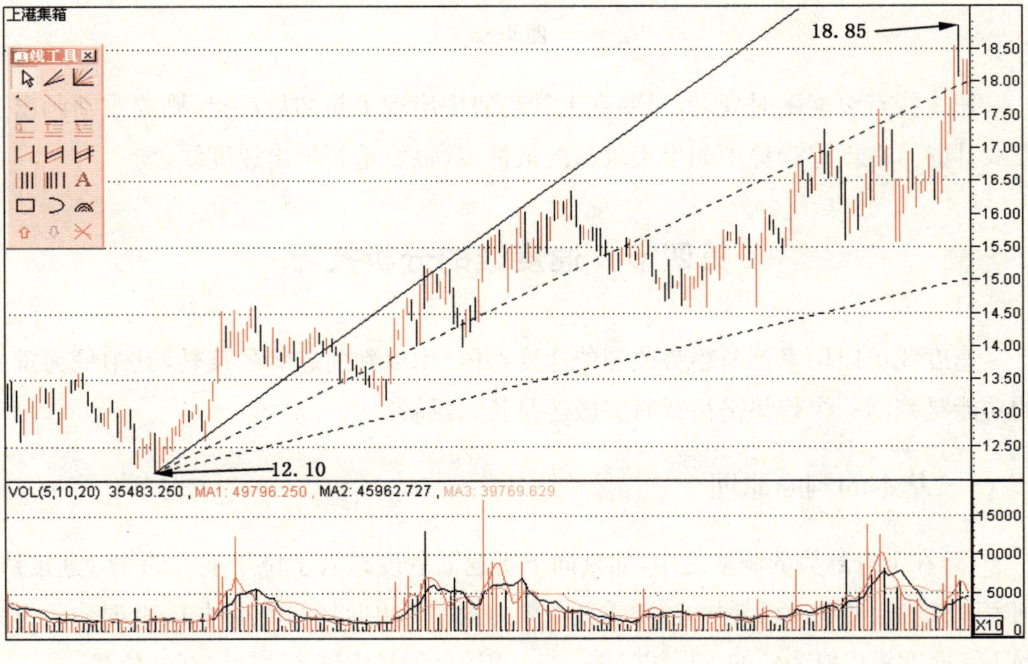


图 9—2

(3)在下跌趋势时,由最初下跌的高点,向下连接其垂直距离 2/3 和 1/3 的地方,向下画出两条斜线,这两条斜线就是下降速度线(见图 9—3)。

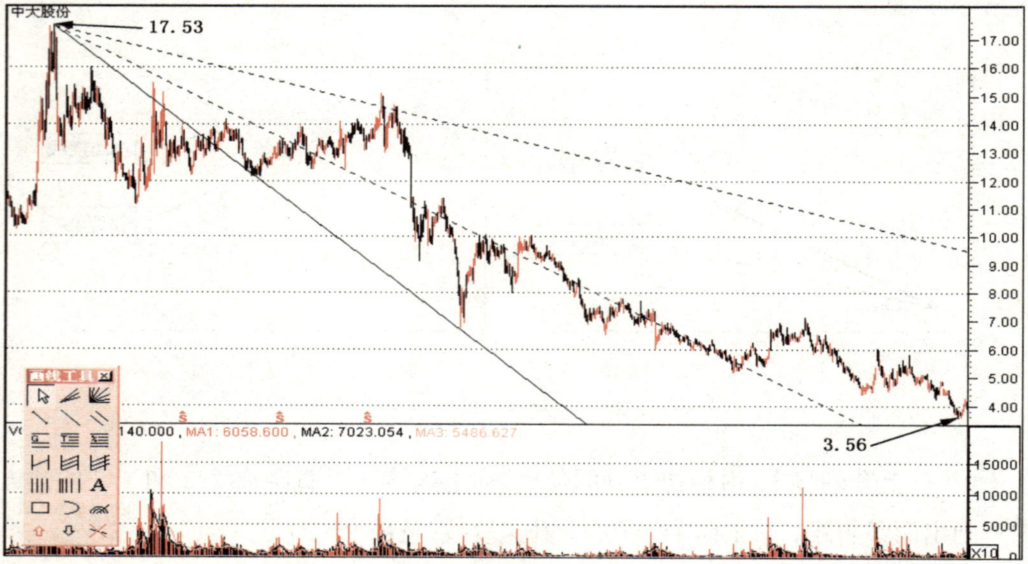


图 9—3

速度线有可能随时变动，只要在上升趋势中出现了新的最高点，则要重新画出速度线；同样，在下降趋势中如果出现新的最低点，也要重新画出速度线。

## 第四节　速度线的分析技巧

速度线可以用来判断趋势改变的速度，并且用以判断趋势的反转，其中最为重要的功能是判断一个趋势是被暂时突破还是长久反转。

### 一、基本的判断原理

(1)在上升趋势的调整之中，如果向下折返的程度跌破了位于上方的 2/3 速度线，则表明股价上冲动力已耗尽，需要重新积聚力量才能再向新的高点冲击，此时位于下方的 1/3 速度线将成为新的支撑线。图 9—4 中黑点就是跌破 2/3 速度线的位置。

(2)在上升趋势的调整之中，如果向下折返的程度跌破了位于下方的 1/3 速度线，则说明上涨趋势已结束，将反转为下跌趋势。图 9—5 中黑点就是跌破 1/3 速度线的位置。

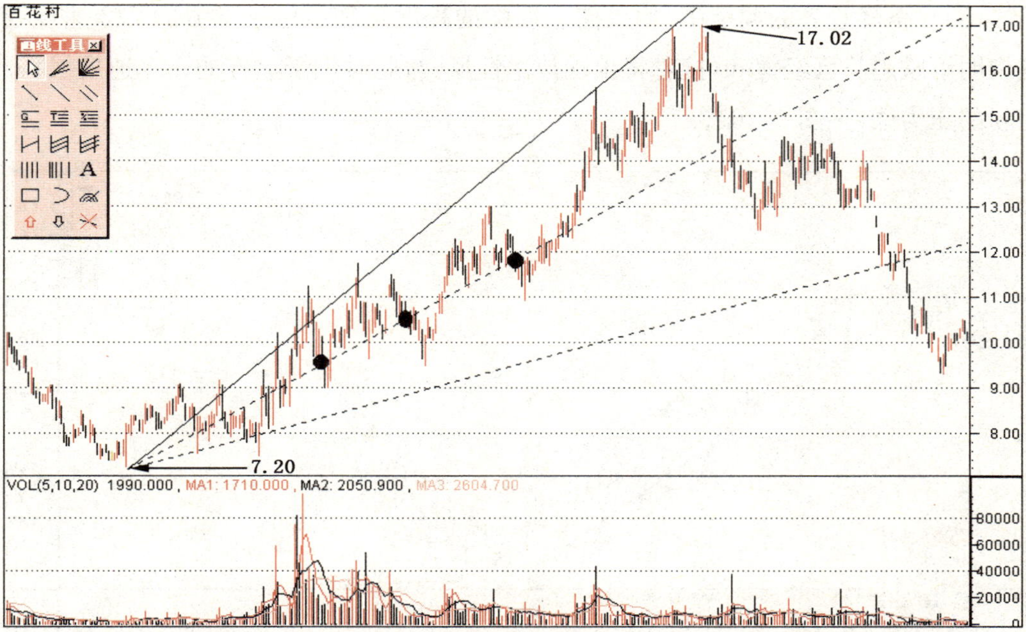
百花村
画线工具
17.02
7.20
17.00
16.00
15.00
14.00
13.00
12.00
11.00
10.00
9.00
8.00
VOL(5,10,20) 1990.000 , MA1: 1710.000 , MA2: 2050.900 , MA3: 2604.700
80000
60000
40000
20000
0

图 9—4

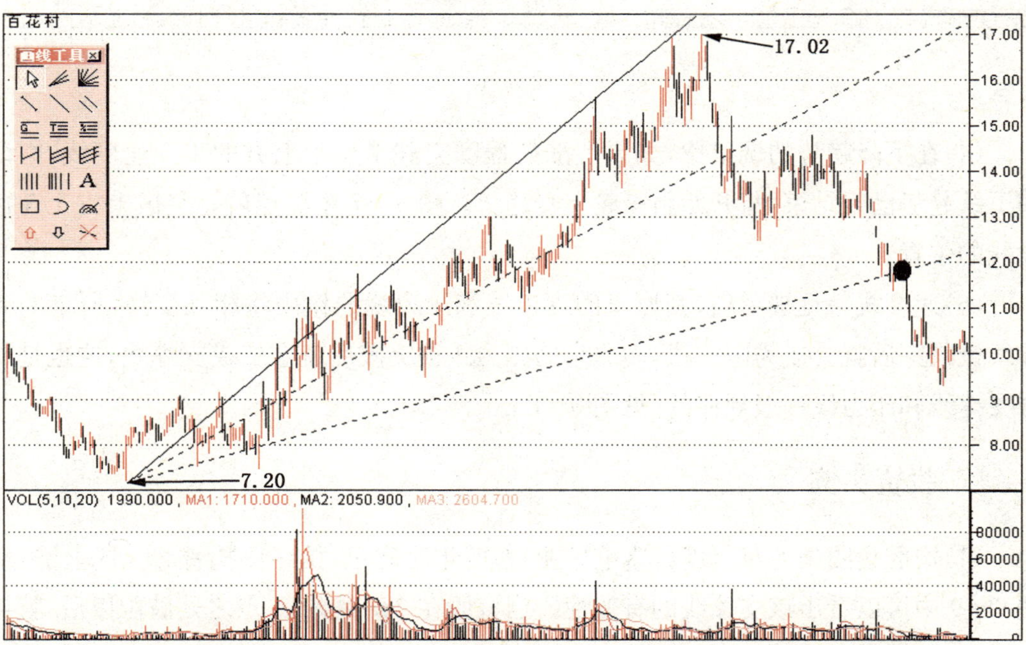
百花村
画线工具
17.02
7.20
17.00
16.00
15.00
14.00
13.00
12.00
11.00
10.00
9.00
8.00
VOL(5,10,20) 1990.000 , MA1: 1710.000 , MA2: 2050.900 , MA3: 2604.700
80000
60000
40000
20000
0

图 9—5

(3)在下降趋势的调整中，如果向上反弹的程度突破了位于下方的 2/3 速度线，则说明下跌趋势已经缓和，接着将出现技术性反弹，此时位于上方的 1/3 速度线将成为新的压力线(见图 9—6)。

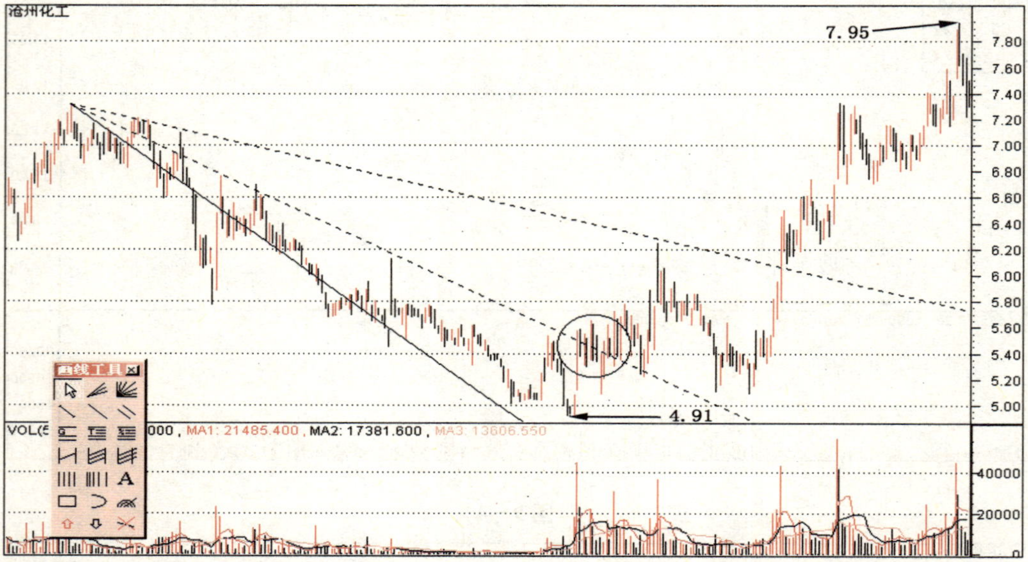


**图 9—6**

(4)在下降趋势的调整中，如果上涨的程度突破了位于上方的 1/3 速度线，则说明下跌趋势已告结束，将开始新一轮上涨趋势。图 9—7 中黑点就是突破上方 1/3 速度线的位置。

(5)速度线一旦被突破，其原来的支撑线和压力线的作用将相互变换，原来的支撑线被跌穿后就会成为阻力线，而原来的压力线被突破后就会变成支撑线，这也是符合支撑线和压力线一般规律的(见图 9—8)。

## 二、投资实例

(1)雄震集团(600711，现名盛屯矿业)在两年时间里，始终依托着 2/3 线上涨，从图 9—9 中可以看出该支撑线的有效性。当该股在 2/3 线的 A 点之处破位以后，就再也无力回升，随后股价又跌破下方的 1/3 线 B 点位置，证明该股的趋势已经彻底转弱。虽然跌破 B 点以后，股价还保持了一段时间的震荡，但是，始终无法突破 1/3 线

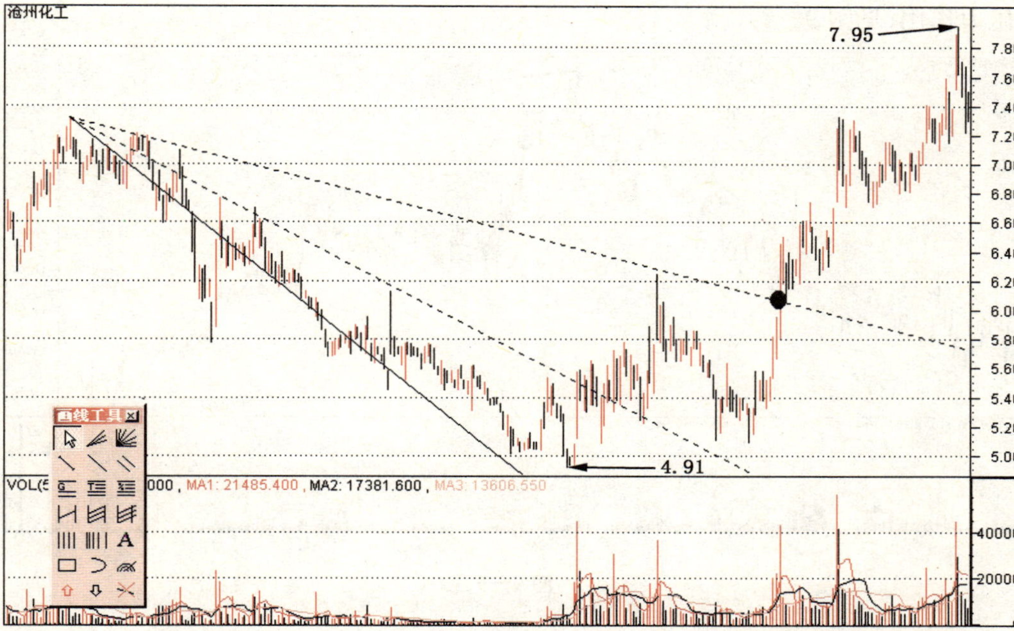
沧州化工
7.95
4.91
画线工具
VOL(5
MA1: 21485.400 , MA2: 17381.600 , MA3: 13606.550

图 9—7

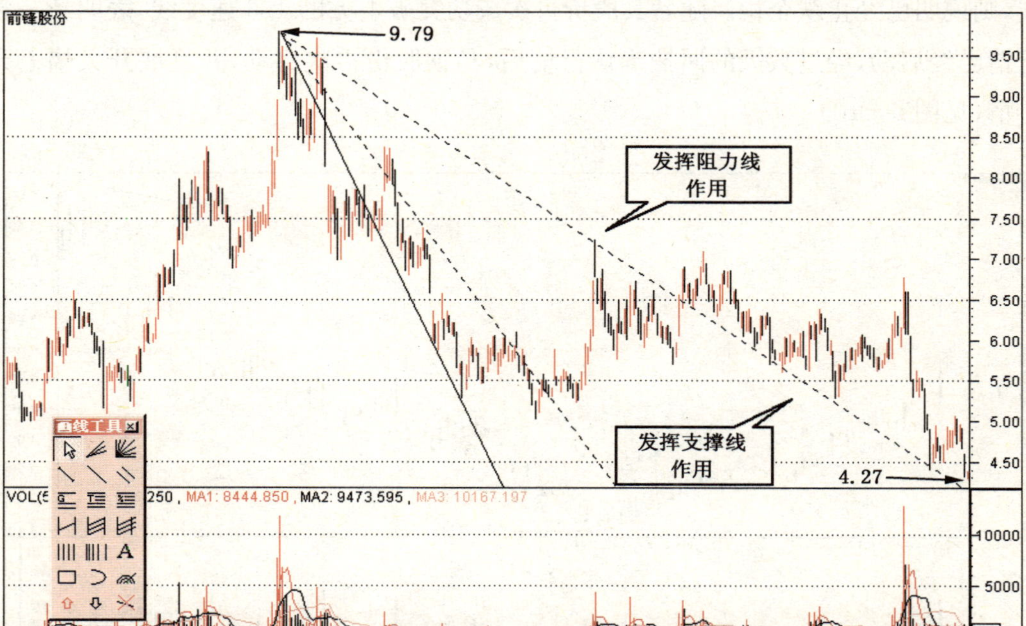
前锋股份
9.79
发挥阻力线
作用
发挥支撑线
作用
4.27
画线工具
VOL(5
MA1: 8444.850 , MA2: 9473.595 , MA3: 10167.197

图 9—8

的压力作用(见图 9—9)。

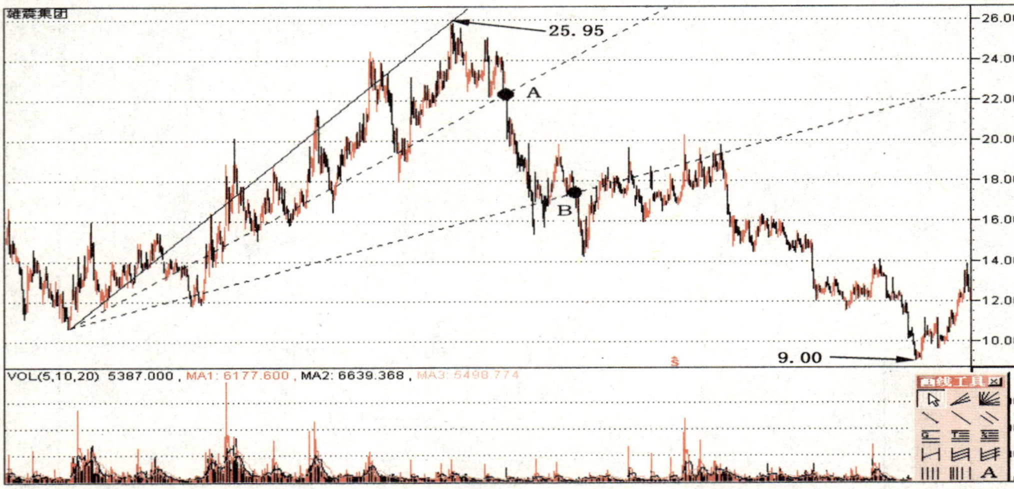


图 9—9

(2)马钢股份(600808)的下跌行情结束后,股价成功突破下降趋势的 2/3 速度线,则说明已经止跌企稳。随后其股价再次成功突破上方的 1/3 速度线,表明新一轮行情已经启动,经过数天的回抽确认行情后,马钢股份再次启动,并且展开大幅上升行情(见图 9—10)。

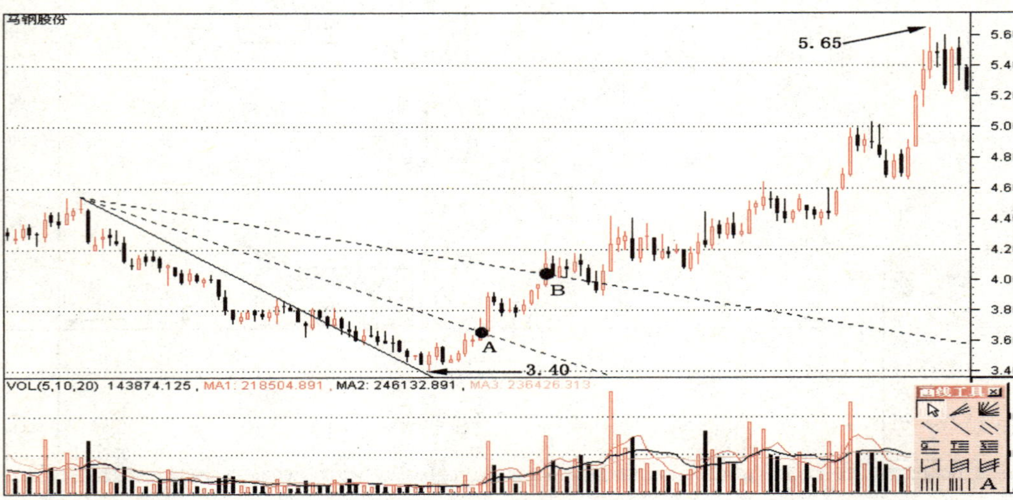


图 9—10

# 第十章　扇形线

## 第一节　扇形线的基本原理

扇形线与趋势线的关系非常密切。确切地说，扇形线就是由三条趋势线组成的。因为单一的趋势线在分析错综复杂的多变行情时往往显得较为简单，扇形线丰富了趋势线的内容，明确给出了趋势反转（不是局部短暂的反弹）的信号。

趋势要反转，必须得突破层层阻力的限制：要反转向上，必须突破很多条压制在上方的压力线；要反转向下，必须突破多条横在下面的支撑线。稍微的突破或短暂的突破都不能被认为是反转的开始，必须消除所有阻止反转的力量，才能最终确认反转的来临。

技术分析的各种方法中，有很多关于如何判断反转的方法，扇形原理只是从一个特殊的角度来考虑反转的问题。实际应用时，应结合多种方法来判断反转是否来临。

扇形线原理是趋势线的一种创新用法。如果是在下跌趋势中，取一段下跌浪的最高点为起点，取三波反弹浪的高点为终点，组成三条线形成扇形；如果是在上涨趋势中，则需要取一段上升浪的最低点为起点，取三波回调浪的低点为终点，组成三条线形成扇形。

扇形原理可以简单地叙述为：如果所画的三条趋势线逐一突破，则趋势将反转。

## 第二节　扇形线的绘图方法

在上升趋势中，先以两个低点画出第一条上升趋势线；

如果价格向下回档,跌破了第一次画的上升趋势线,则以新出现的低点与原来的第一个低点相连接,画出第二条上升趋势线。

再往下,如果第二条趋势线又被向下突破,则同前面一样,用新的低点与最初的低点相连接,画出第三条上升趋势线。

依次变得越来越平缓的这三条直线形如张开的扇子,扇形线和扇形原理由此而得名(见图 10—1)。

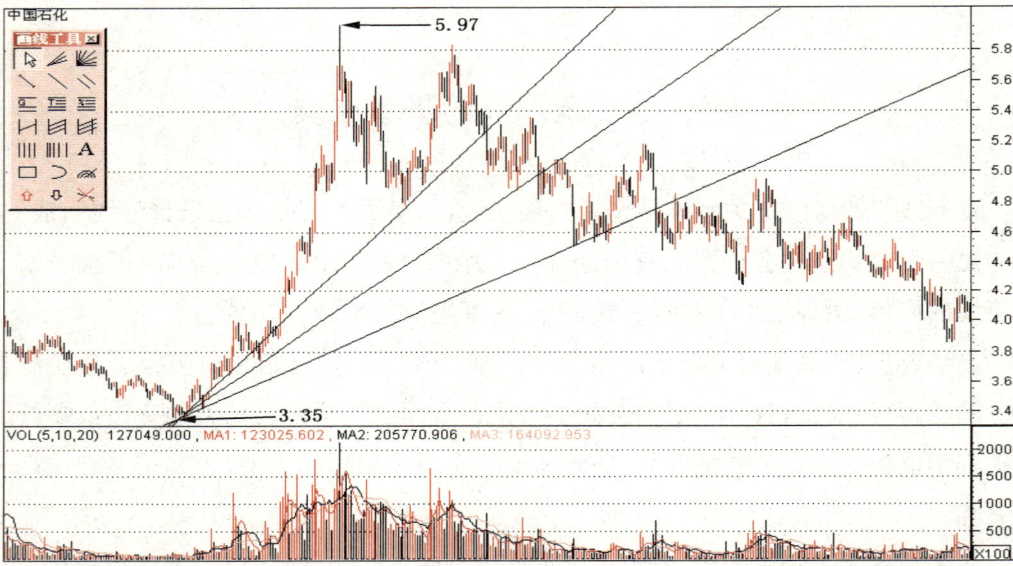


图 10—1

在下降趋势中,先以两个高点画出第一条上升趋势线:

如果价格向上回升,突破了第一次画的下降趋势线,则以新出现的高点与原来的第一个高点相连接,画出第二条下降趋势线。

如果第二条趋势线又被向上突破,则同前面一样,用新的高点与最初的高点相连接,画出第三条下降趋势线(见图 10—2)。

图中连续画出的三条直线一旦被突破,它们的支撑和压力角色就会相互交换,这一点符合支撑线和压力线的普遍规律。

例如,三一重工(600031)的第一条、第二条上升趋势线被跌穿以后,原来的支撑线就变成了压力线(见图 10—3)。

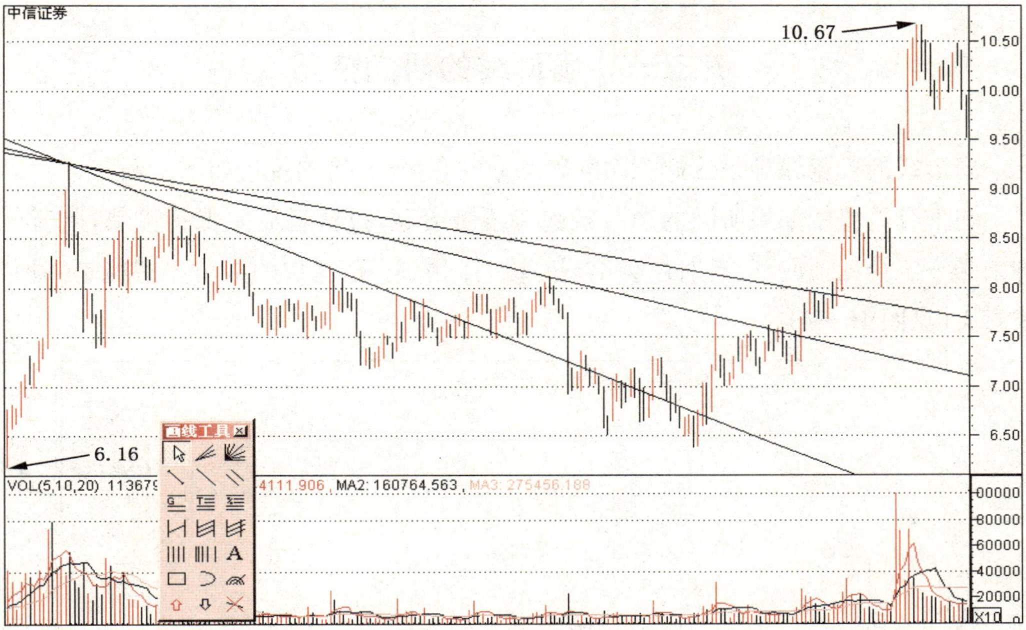
中信证券
10.67
6.16
VOL(5,10,20)
MA2: 160764.563
MA3: 275456.188
线工具

图 10—2

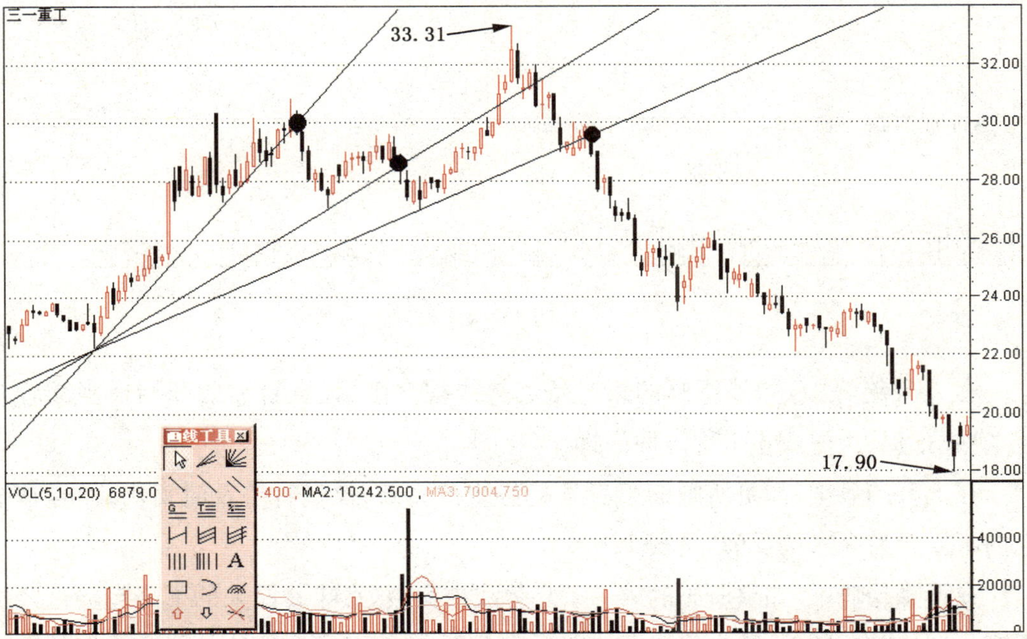
三一重工
33.31
17.90
VOL(5,10,20)
MA2: 10242.500
MA3: 7004.750
线工具

图 10—3

## 第三节　扇形线的研判技巧

扇形线的投资原理是依据三次突破的原则，具体的研判技巧如下：

在上升趋势中如果所画的第一条趋势线被突破，投资者需要保持谨慎，此时，股价未必一定会见顶回落，有时还会出现一段时间的上涨，这次的破位更多地是一种警戒意义（见图 10－4）。

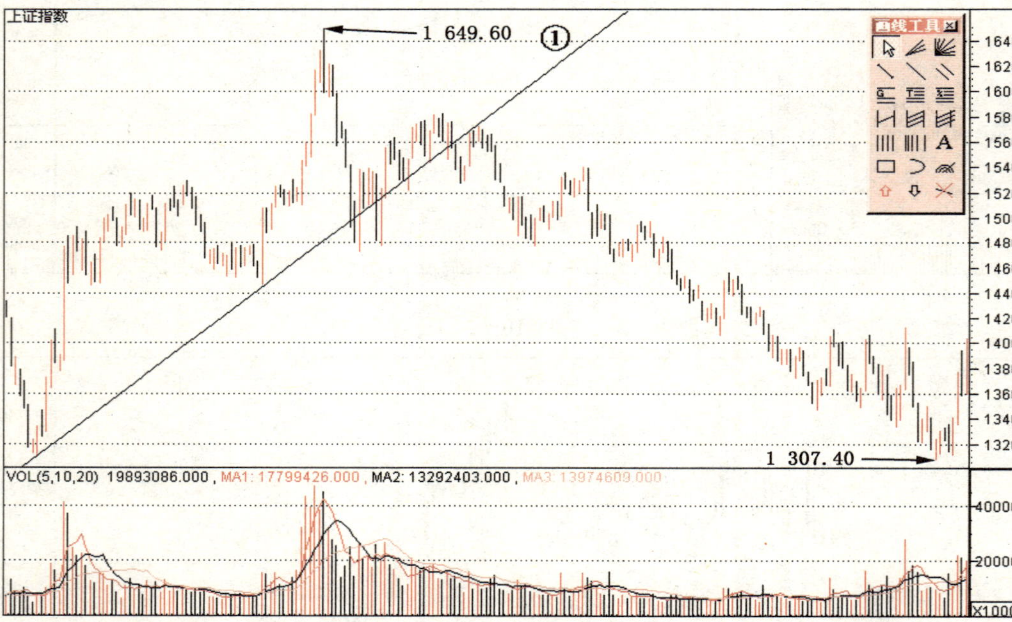


**图 10－4**

在上升趋势中，如果所画的第二条趋势线被突破，投资者需要开始适当减轻仓位，实施止损、止盈或止平等方面的操作（见图 10－5）。

在上升趋势中，如果所画的第三条趋势线被突破，投资者要及时卖出，而且在短期内不要轻易介入抢反弹（见图 10－6）。

在下降趋势中，如果所画的第一条趋势线被突破，意味着原来的下降趋势已经出现变化，股价有可能止跌企稳。即使这时出现再次的下跌，也往往是熊市末期的非理性下跌，投资者不要过于看空后市（见图 10－7）。

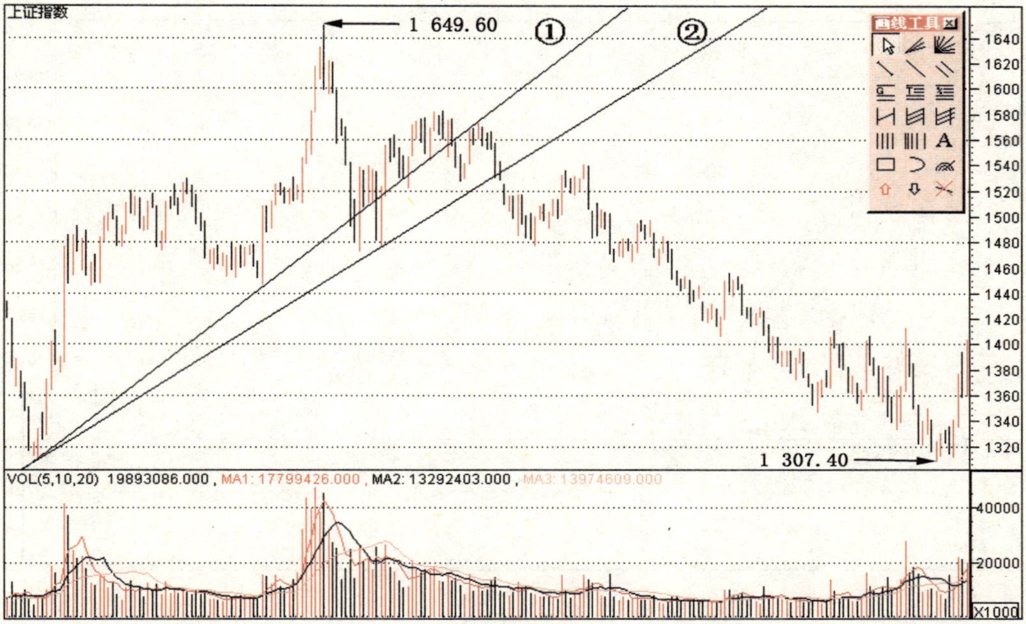
上证指数
1 649.60
①
②
画线工具
1 307.40
VOL(5,10,20) 19893086.000 , MA1: 17799426.000 , MA2: 13292403.000 , MA3: 13974609.000
X1000

图 10—5

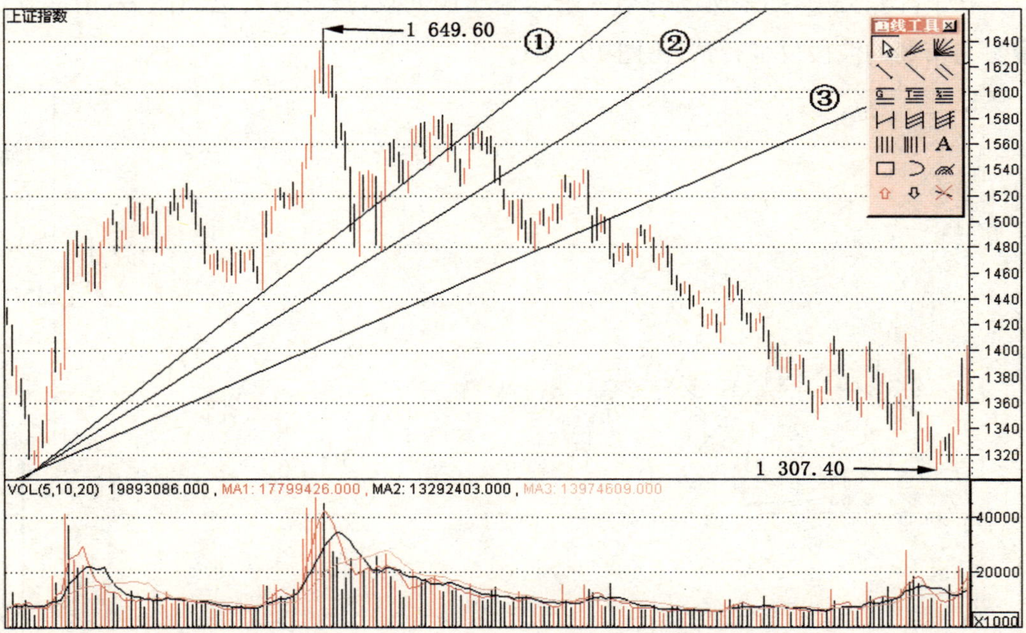
上证指数
1 649.60
①
②
③
画线工具
1 307.40
VOL(5,10,20) 19893086.000 , MA1: 17799426.000 , MA2: 13292403.000 , MA3: 13974609.000
X1000

图 10—6

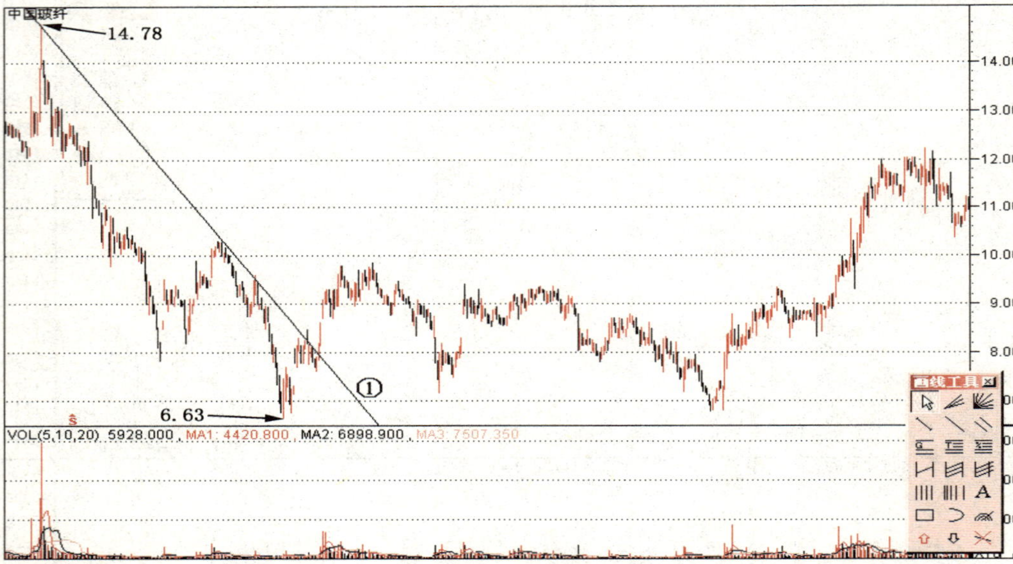


图 10—7

在下降趋势中，如果所画的第二条趋势线被突破，投资者要适当做多，用部分资金参与市场的波段反弹行情(见图 10—8)。

图 10—8

在下降趋势中，如果所画的第三条趋势线被突破，意味着股市已经出现本质转折，投资者要及时做多(见图 10—9)。

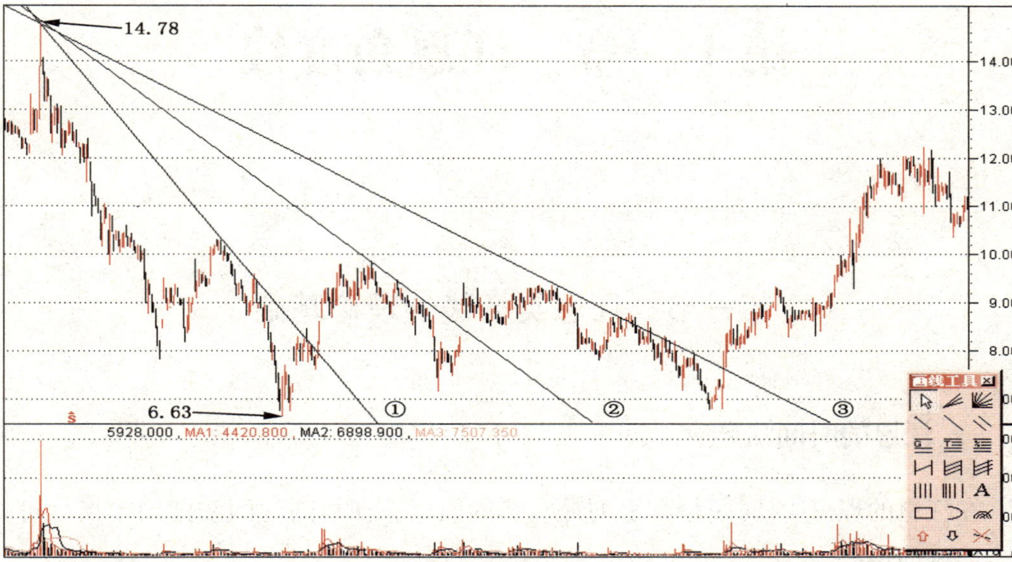


图 10—9

# 第十一章　江恩角度线

## 第一节　江恩类切线的理论基础

### 一、江恩的时间法则

在江恩的理论中，时间是交易的最重要的因素。江恩的时间法则用于揭示价格发生回调的规律。

江恩认为：一定量的价格回调发生在特定的时间内，运用江恩时间法则，实际的价格回调是能够预测的。

江恩把时间定义为江恩交易年，它可以一分为二，即 6 个月或 26 周，也可以一分为三、一分为四乃至更多，如将江恩交易年分为 1/8 和 1/16。

在江恩交易年中还有一些重要的时间间隔。例如，因为一周有 7 天，而 7×7 是 49，因此他将 49 视为非常有意义的日子，一些重要的顶或底的间隔在 49～52 天。中级趋势的转变时间间隔为 42～45 天，而 45 天恰恰是一年的 1/8。

江恩还指出了一些重要的时间间隔，可以预测价格反转的发生：

1. 一般市场回调发生在第 10 天至第 14 天，如果超过了这一时间间隔，随后的回调将出现在第 28 天至第 30 天。

2. 主要顶或底 7 个月后会发生小型级回调。

3. 主要顶或底的周年日。

另外，江恩的时间法则还考虑了季节、宗教、天文学等多种因素。

## 二、江恩循环理论

江恩的循环理论是对整个江恩思想及其多年投资经验的总结。

江恩把他的理论用按一定规律展开的圆形、正方形和六角形来进行推述。这些图形包括了江恩理论中的时间法则、价格法则、几何角、回调带等概念，图形化地揭示了市场价格的运行规律。

江恩认为较重要的循环周期有：

短期循环：1 小时、2 小时、4 小时……18 小时、24 小时，3 周、7 周、13 周、15 周，3 个月、7 个月。

中期循环：1 年、2 年、3 年、5 年、7 年、10 年、13 年、15 年。

长期循环：20 年、30 年、45 年、49 年、60 年、82 年或 84 年、90 年、100 年。

30 年循环周期是江恩分析的重要基础，因为 30 年共有 360 个月，这恰好是 360 度圆周循环，按江恩的价格带理论对其按 1/8、2/8、3/8……7/8 等进行划分，正好可以得到江恩长期、中期和短期循环。

10 年循环周期也是江恩分析的重要基础。江恩认为，10 年周期可以再现市场的循环。例如，一个新的历史低点将出现在一个历史高点的 10 年之后；反之，一个新的历史高点将出现在一个历史低点之后。同时，江恩指出，任何一个长期的升势或跌势都不可能不做调整地持续 3 年以上，其间往往有 3～6 个月的调整。因此，10 年循环的升势过程实际上是前 6 年中，每 3 年出现一个顶部，最后 4 年出现最后的顶部。

上述长短不同的循环周期之间存在着某种数量上的联系，如倍数关系或平方关系。江恩将这些关系用圆形、正方形、六角形等显示出来，为正确预测股市走势提供了有力的工具。

熟练地掌握循环理论，可以有效地把握进出市场的时机，成为股市的赢家。

## 三、江恩类切线

江恩类切线通过时间和价格的比率（波动率）确定买卖点，在画线中以角度来体现一些重要的支撑压力位置。

江恩类切线理论主要包括江恩角度线、江恩网格、江恩箱等。

## 第二节 江恩角度线的绘图方法

江恩角度线是时间、价格和几何角度的综合。通过各种角度、交叉时间和价格的使用,能得到各种买卖信号。

江恩角度线也称为甘氏线。

江恩角度线的画法有很多,有些投资者认为应该按照 1×1,也就是 45°来画。但在现有的软件中,只要将图形放大或缩小就会使得角度出现明显变化,所以用这种画线方法并不准确。一般需要根据软件提供的专门画线工具来绘画。

正确画法如下:

(1)首先,确定起点。在上升趋势中选择行情的最低起点,在下降趋势中选择下跌行情开始时的最高点。

(2)其次,确定终点。在上升趋势中选择行情最高点,在下降趋势中选择行情最低点。

(3)最后,将起点和终点相连,则自动产生其他角度线。

画江恩角度线时选择的点同大多数别的选点方法一样,一定是显著的高点和低点,如果刚被选中的点马上被创新的高点和低点取代,则甘氏线的选择也随之变动(见图 11—1)。

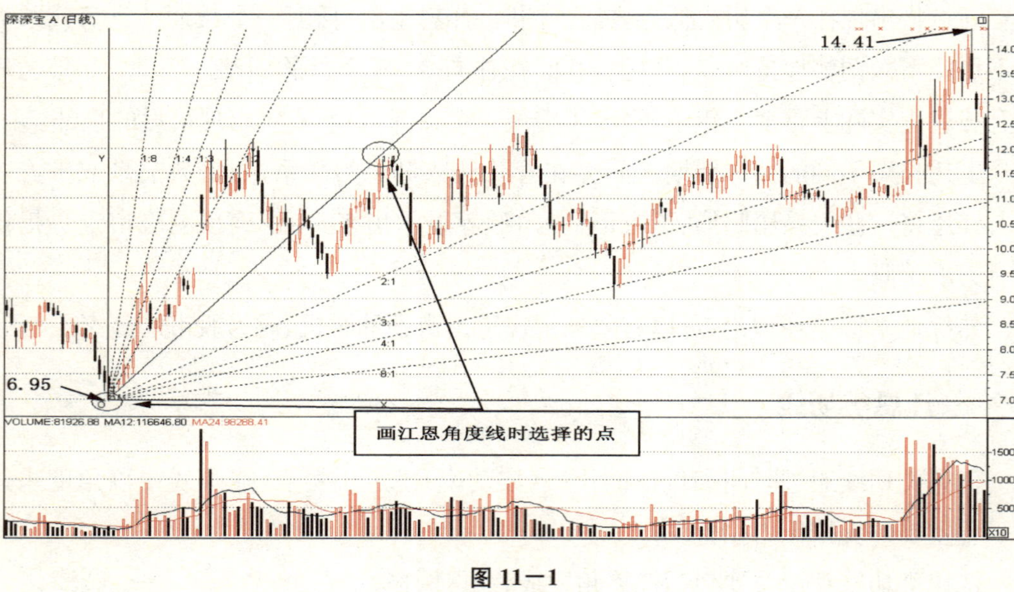


图 11—1

## 第三节 江恩角度线的研判技巧

江恩角度线分为上升线与下降线两类。江恩角度线的每条直线都有一定的角度，这些角度的得到都与百分比线中的那些数字有关。每个角度的正切或余切分别等于百分比数中的某个分数（或者说是百分数）。

每条直线都有支撑和压力的功能，但这里面最重要的是 45°、63.75°和 26.25°。这三条直线分别对应百分比线中的 50%、62.5%和 37.5%百分比线。其余的角度虽然在股价的波动中也能起一些支撑和压力作用，但重要性相对较低，容易被突破。

其中 45°线是最重要的，如果价格穿过 45°线，无论向上或向下，将发生重大反转。一旦反转发生，价格将移动到下一条线。比如，当向上趋势反转，将移到 26.25°线；当向下趋势反转，将移到 63.75°线。

### 一、下降线的运用

定位好起点和终点之后，可以在走势图上自动生成多条角度线，当指数和股价运行到各个角度线的时候，会遭遇阻力和支撑作用（见图 11—2）。

图 11—2

## 二、上升线的运用

在上涨趋势中，当指数和股价运行到各个角度线的时候，会遭遇阻力和支撑作用（见图 11—3）。

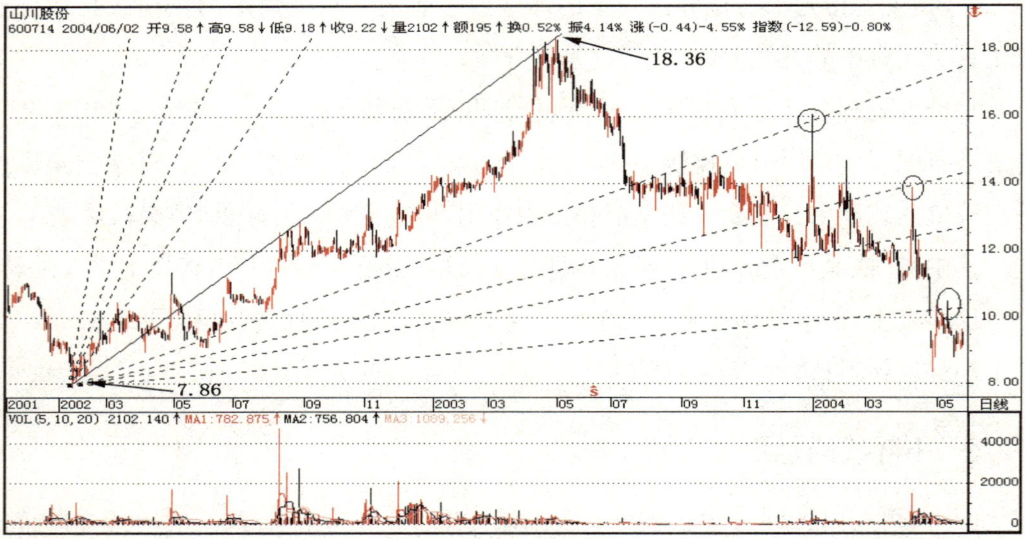


图 11—3

# 第十二章 周期类切线

## 第一节 周期类切线的理论

通过周期线分析市场,必须先了解股市周期理论。

事物的发展有周期性规律,股价延续着从涨到跌和从跌到涨的过程,成交量延续着从小到大和从大到小的过程。这种循环发展的规律在证券市场中长期存在。循环周期理论认为,无论什么样的价格波动,都不会向一个方向永远走下去。价格的波动过程必然产生局部的高点和低点,这些高点和低点的出现,在时间上有一定的规律。投资者可以选择低点出现的时间入市,在高点出现的时间出局。

循环周期理论的重点是时间因素。

周期分析是股市技术分析的重要分支。但传统的周期分析基本上是一种固定周期分析方法,即将各个高点或低点间的时间加起来,得出一个平均数,再把它作为周期分析的依据,如果出现较大出入,就称之为周期偏移。

而事实上,无论是低点与低点间还是高点与高点间,绝对等长的周期出现的并不多,周期偏移乃至周期迁移是股价运动的普遍现象。尤其是当投资者结构发生重大变化时,原来的周期节奏就会打乱并产生出一些新的周期。

这种打破通常会产生两种结果:一种是形成新的周期;另一种是经过一段时间的“混乱”后,又重新还原到原来的周期上去,使看起来似乎已变得无序的市场最终还是回到原来的有序状态中。因此,做好周期分析必须同时注意两个问题:一是周期的变异及其还原,二是周期的组合。

周期线可以提醒股民,当股价波动至周期线附近时,正处于上升行情的,应留意股价可能形成高点；正处于下跌行情的，应留意股价可能形成低点。但它们不一定形成顶部或者底部，可能仅仅是一处回档或反弹幅度稍大的转折点而已。

## 第二节　周期类切线的种类

### 一、等周期线

等周期线是指周期线之间的间隔是相等的，该周期线一般设置在一轮大的上升或下降行情中，如果行情发生根本性变化，那么股市的周期规律也会出现相应的变化。

在一轮行情中，周期线常常发挥出神奇的作用，在一些重大转折的位置出现周期线，从而提示投资者做出和买入的具体操作。

等周期线的画法：

(1)先确定一轮行情的最高点和最低点。

(2)然后以第一个高点(或低点)为起点，以最后一个高点(或低点)为终点进行画线。

(3)根据实际情况确定股价的运行周期(见图 12—1)。

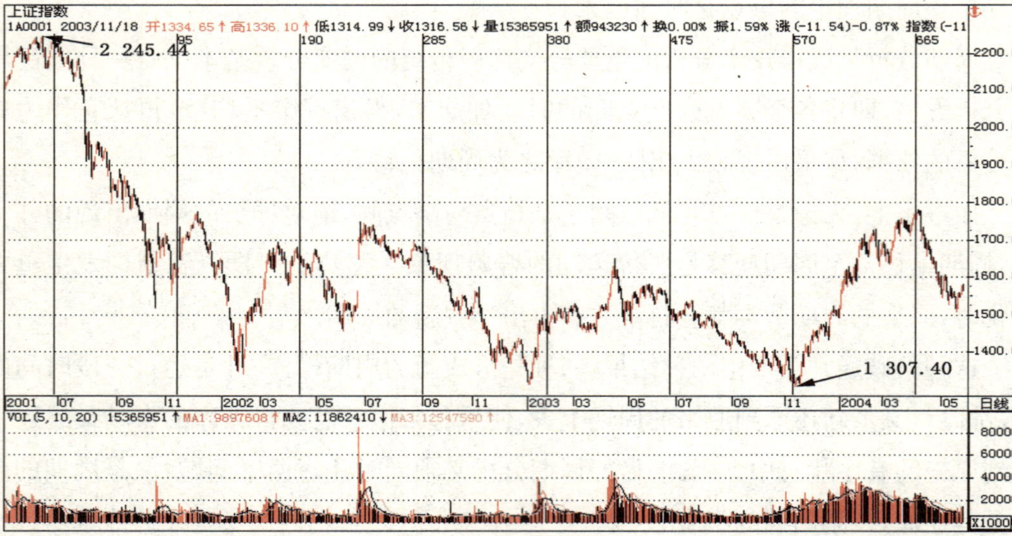


图 12—1

## 二、自由周期线

自由周期线并非是完全毫无规则，其实它也是按照一定规则排列的，投资者可以做如下的调整：

(1)决定自由周期线是否向左排列。

(2)设置自由周期线的分线数量，一般为 17 条。

(3)设置斜率，即相对每根 K 线变动数值(见图 12—2)。

图 12—2

## 三、费波纳契周期线

13 世纪初，一位名叫费波纳契的意大利商人兼数学家在完成一次埃及之旅后，写了一本数学名著——《计算的书》。这本书产生了两个成果：一是把有史以来最伟大的数学发现——10 进制从埃及传到欧洲，并使它成为以后一切数学计算的基础；二是费波纳契数列。

在数列中，任何相邻两个数的和等于数列中的下一个较大的数字，即 1＋1＝2、1＋2＝3、2＋3＝5、3＋5＝8，等等，直到无限大。数列中，除前几个数字以外，任何两个连续数字的比率约为1.618或两个数字的反比为0.618。

根据这一数列确定的时间周期，便称为费波周期。比如，确定2010年1月为第一个时间点，那么2月、3月、5月、8月分别是数列的参考点，以此类推。

费波纳契周期线是将时间分成3、5、8、13……费氏黄金数列的份额，也称为神奇数字周期线，因为该周期线的时间间隔是按照神奇数字排列的。

费波纳契周期线的画法非常简单，关键是要确立好起点，这个起点通常是由一段时间的高位或低位组成的(见图12—3)。

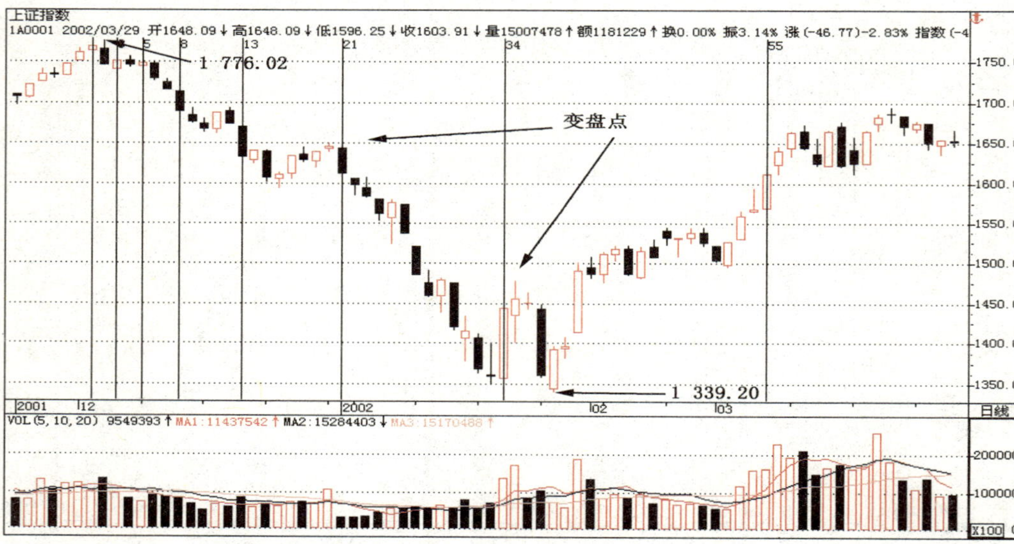


图12—3

## 四、费波纳契时间周期线

费波纳契时间是通过两个重要的时间定出时间份额，以黄金比率向后预测以后的重要时间。

画线必须要先确定起点和终点，一般是以某段时间内的最高点和最低点来设置，投资者可以根据实际情况进行调整。在画线的时候为了便于直观分析，投资者可以适当调节垂直线的高度，一般是用鼠标按住第一条的最高点来调节上下的距离(见图12—4)。

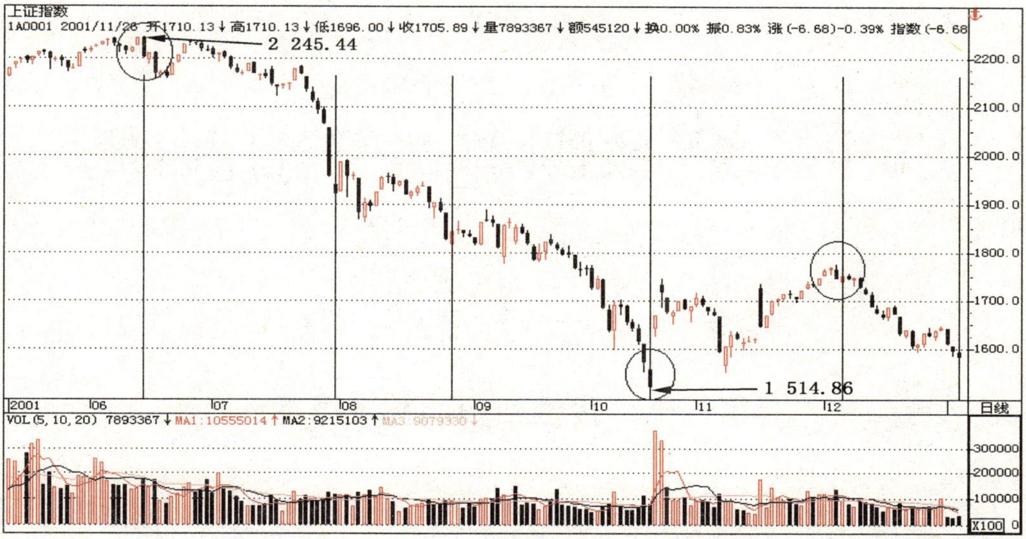
上证指数
1A0001 2001/11/28 开1710.13↓高1710.13↓低1696.00↓收1705.89↓量7893367↓额545120↓换0.00% 振0.83% 涨(-6.68)-0.39% 指数(-6.68
2 245.44
1 514.86
日线
VOL(5,10,20) 7893367↓MA1:10555014↑MA2:9215103↑MA3:9079330↓

图 12—4

# 第十三章　线性回归与线性回归带

## 第一节　线性回归的基本原理

线性回归是统计学原理在技术分析上的运用，简单来说它表现的是离价格区间最近的一条直线。如果后面的行情是“新的”，它对于线性回归带的支撑与阻力应较敏感；如果后面的行情与前一段没什么区别，它对于线性回归带的支撑与阻力就不敏感。

如果不得不去猜测某一只股票明天的价格，较合逻辑的猜测就应该是“尽量贴近今天价格”。如果股票有上涨的趋势，一个好的猜测就是尽量贴近今天的价格加上一个上调值。线性回归分析正是用统计数字来验证这些逻辑假设。

线性回归线是用最小平方匹配法求出的两点间的趋势线。这条趋势线表示的是中间价。如果把此线认作是平衡价的话，任何偏移此线的情况都暗示着超买或超卖。

在中间线的上方和下方都建立了线性回归通道线。通道线和线性回归线的间距是收盘价与线性回归线之间的最大距离。回归线包含了价格移动，通道下轨线是支撑位，通道上轨线是阻挡位。价格可能会延伸到通道外一段很短的时间，但如果价格持续在渠道外很长一段时间的话，表明趋势很快就会逆转了。

## 第二节　回归通道的绘图方法

### 一、线性回归

回归线是回归通道的主轴线，调用该画线工具后，确定一段行情的高低点出现的时间，就可以在走势图上自动生成回归线。

回归线是通过对股价作线性回归分析统计而形成的，它是一种有别于传统线性的趋势，最接近于股价趋势的真实内涵（见图 13－1）。

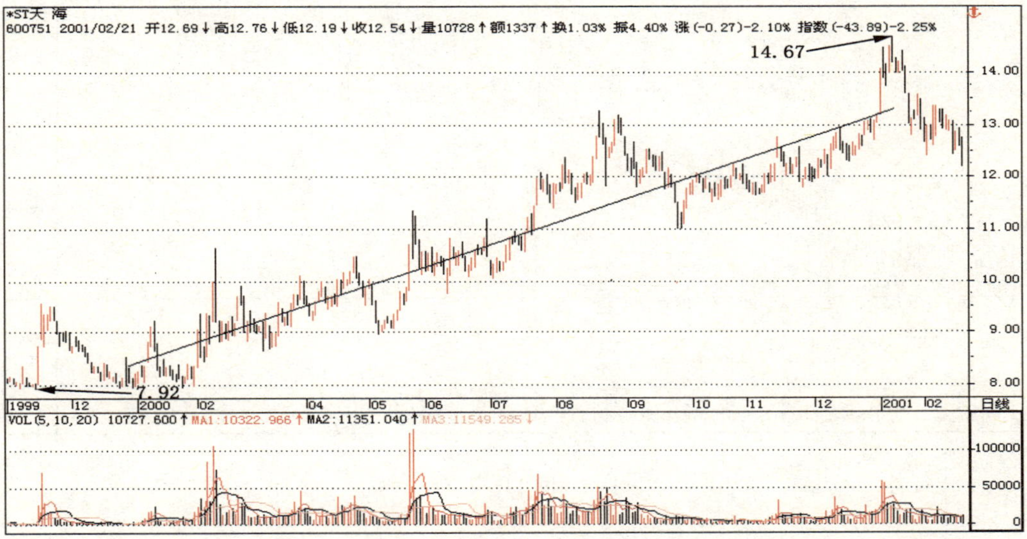


图 13－1

## 二、线性回归带

线性回归带的画法与线性回归完全相同，不同的是其生成与回归线平行的线，构成一个通道的形式。

回归线上方的平行线称为通道上轨线，回归线下方的平行线称为通道下轨线（见图 13－2）。

## 三、回归通道

回归通道的画法与线性回归带的画法是完全相同的，但是在图形上回归通道带有虚线的预测部分。

通道的实线部分叫回归确认带，就是回归确认的长度，也是进行回归起始点、终点的距离。通道的虚线部分称回归预测带，就是回归通道所预测的未来走势区间。该股票的未来走势将在回归预测带中形成技术判断（见图 13－3）。

*ST天 海
600751 2001/02/21 开12.69↓高12.76↓低12.19↓收12.54↓量10728↑额1337↑换1.03% 振4.40% 涨(-0.27)-2.10% 指数(-43.89)-2.25%
14.67
7.92
VOL(5,10,20) 10727.600↑MA1:10322.966↑MA2:11351.040↑MA3:11549.285↓
日线

图 13—2

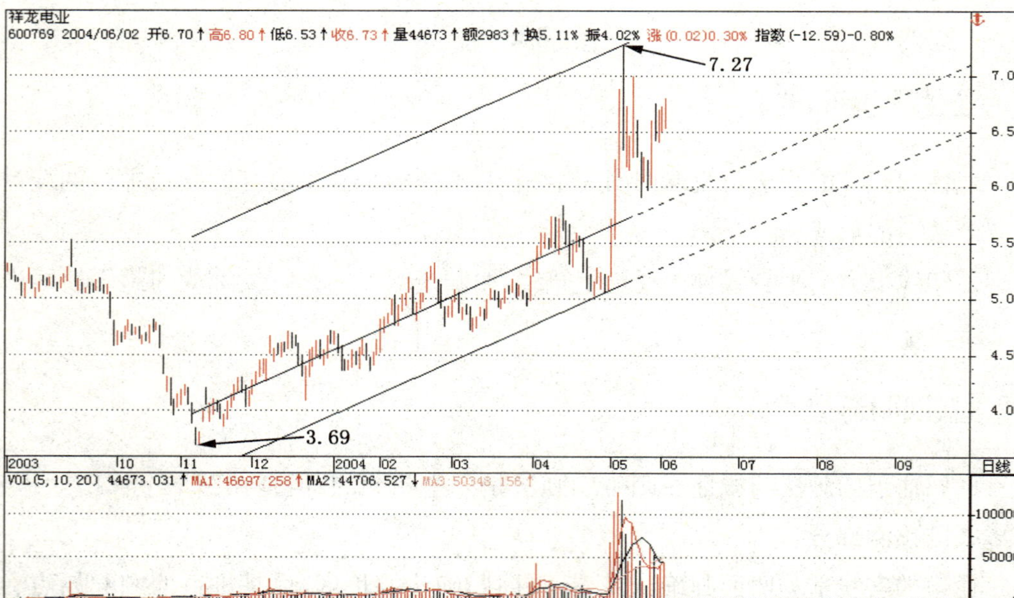
祥龙电业
600769 2004/06/02 开6.70↑高6.80↑低6.53↑收6.73↑量44673↑额2983↑换5.11% 振4.02% 涨(0.02)0.30% 指数(-12.59)-0.80%
7.27
3.69
VOL(5,10,20) 44673.031↑MA1:46697.258↑MA2:44706.527↓MA3:50348.156↑
日线

图 13—3

## 第三节 回归通道的应用技巧

通道上轨线是通道的压力线,对股价起着阻力作用,股价在此处常常遇到阻力而回落。

通道下轨线是通道的支撑线,对股价起着支撑作用,股价在此处常常遇到支撑而反弹。

回归确认带是整个回归通道的核心,对其长度的确定是准确运用回归通道的关键所在,具有较高的技巧性。投资者需要注意以下投资要点:

(1)通常需要用趋势线原理确定回归线。

(2)用主要趋势形成的时间跨度确定回归确认带的长度。

(3)回归确认带的长度一经确定不可轻易改变。

(4)当趋势线明显改变时修正回归线,并用重新确定的回归线重新确定回归确认带的长度。

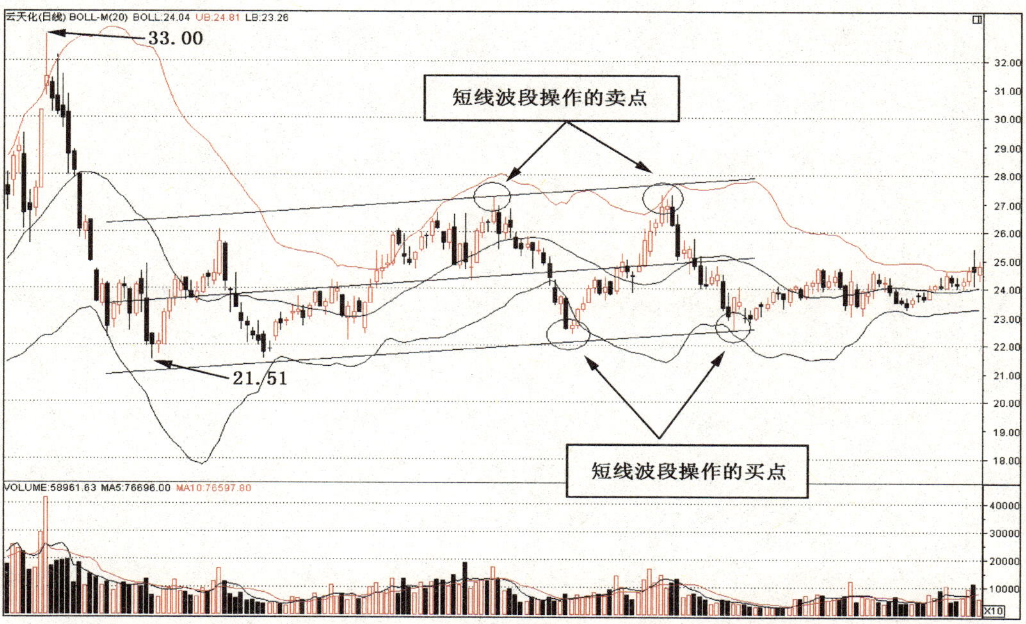


图 13—4

(5)股价突破通道上轨时即将冲高回落;股价回落至回归线时将获得支撑而反弹;股价跌破回归线时是卖出信号;股价跌破通道下轨时是止损信号。

(6)回归通道对上升第2浪有比较准确的预测作用。

在实际应用中如果能够和布林带或薛斯通道相互配合使用,往往可以准确研判趋势和良好的买卖位置,有利于投资者进行短线波段操作(见图13-4)。

五线开花❶
——稳操股市胜券的密码
定价：29.00元

五线开花❷
——股票最佳买卖点
定价：32.00元

主升浪
——获取股市最大利润的20招技巧
定价：28.00元

5年1000倍
——外汇黄金交易技术
定价：32.00元

金融交易学（第一卷）
——一个专业投资者的至深感悟
定价：49.00元

金融交易学（第二卷）
——一个专业投资者的至深感悟
定价：58.00元

短线必杀技①
——股市K线操盘技法
定价：29.00元

操盘手七大必杀技
定价：34.00元

看透股市
——让图表告诉你一切
定价：38.00元

操盘手（壹）
——筹码分布操盘实战
定价：28.00元

操盘手（贰）
——量价分析操盘实战
定价：30.00元

操盘手（叁）
——散户斗庄的16个细节
定价：29.00元

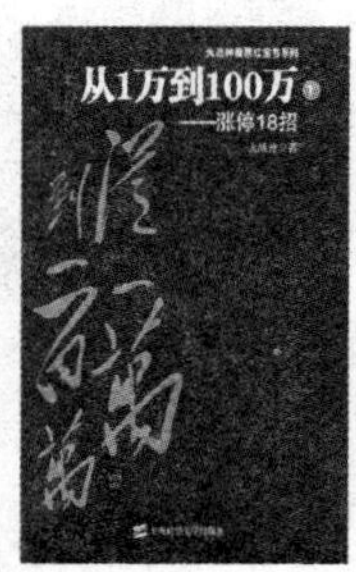


从1万到100万①
——涨停18招
定价：38.00元

炒股就7招
——从新学起
定价：30.00元

上海财经大学出版社有限公司
地址：上海市武东路321号乙　　邮编：200434　　网址：www.sufep.com
电话：021-65904895　021-65903798　021-65904705　　传真：021-65361973